Los Chicos
y otros relatos

Dans la collection *Lire en...*

Lire en anglais

Lire en allemand

Lire en espagnol

(Suite en p. 4)

PREMIÈRES LECTURES EN ESPAGNOL
Collection dirigée par Henri Yvinec

Los Chicos
y otros relatos

Choix et annotations par Mercedes Blanc
Professeur au lycée A. Schweitzer du Raincy

et

Marc Zuili
Professeur au Collège J. de Beaumont de Villemomble
Chargé de cours à l'Université de Paris-X-Nanterre

Le Livre de Poche

Lire en italien
L'Avventura ed altre storie
Novelle italiane del nostro secolo
Italo Svevo : La novella del buon vecchio e della bella fanciulla

Lire en portugais
Contos contemporâneos (Portugal/Brasil)

Lire en français
Nouvelles françaises contemporaines
Maupassant : Pierrot et autres nouvelles / Madame Baptiste et autres
nouvelles

Lire en russe
A. Tchekhov : Aniouta et autres nouvelles

Dans la collection *Premières Lectures*

Die Puppe
L'Umiltá

La larga siesta de papá (Algunos niños, tres perros y más cosas)
© Droits réservés. *La pajarita de papel* (El hombrecito vestido de gris
y otros relatos) © Altea, Taurus, Alfaguara, S.A., Madrid. *La
invención del paraguas pequeñito* (Cuentos de mama) © Ediciones
Destino, S.A., Madrid. *El viajero* (Problemas oculares) © Editorial
Anagrama, Barcelone. *Una denuncia absurda* (Los mundos que amo)
© Ediciones Union, La Havane. *Esperando que nos maten* (Cuentos) © Alianza Editorial, S.A., Madrid. *Los chicos* (Historias de la
artamila) © Ana María Matute, 1961. *El inventor* (Amor siempre
asediado y otros relatos) © Espasa Calpe, S.A., Madrid. *La puerta
condenada* (Final de juego) © Julio Cortázar 1956 et les héritiers de
Julio Cortázar. *El Gallego y su cuadrilla* (El Gallego y su cuadrilla y
otros apuntes carpetovetónicos) © Camilo José Cela, 1949.

© Librairie Générale Française, 1992, pour les notices et les notes.

Sommaire

DES MÊMES AUTEURS :

Danièle Bélorgey, Claude Durieu, Marc Zuili : *L'épreuve d'espagnol au baccalauréat* (préparation à l'épreuve écrite), 1985, Éditions Vuibert, Paris.

Danièle Bélorgey, Marc Zuili : *L'espagnol oral au baccalauréat*, 1987, Éditions Ophrys, Paris.

Claude Durieu, Marc Zuili : *Mémento d'espagnol* (grammaire et dialogues), 1988, Éditions Magnard, Paris.

Claude Durieu, Marc Zuili : *La guerra del arco iris* (cassette vidéo et cahier d'exploitation pédagogique), 1989, Éditions Magnard, Paris.

Claude Durieu, Marc Zuili : *Le vocabulaire indispensable en espagnol,* 1990, Éditions Magnard, Paris.

Signos y abreviaturas

⅄ *¡cuidado !*
= *equivale a... ; parecido a...*
≠ *contrario de... ; diferente de...*
v *viene de*
w *da*
adj. *adjetivo*
A.L. *América Latina*
c. de t. *concordancia de tiempos*
excl. *exclamación*
fam. *familiar*
ger. *gerundio*
hab. *habitante(s)*
imp. ou imper. *imperativo*
inf. *infinitivo*
part. *participio pasado*
pers. *persona*
plur. *plural*
pop. *popular*
pres. indic. = indic. pres. *presente de indicativo*
pres. subj. = subj. pres. *presente de subjuntivo*
pret. imperf. *pretérito imperfecto*
pret. imperf. subj. *pretérito imperfecto de subjuntivo*
pret. perf. simple *pretérito perfecto simple*
pron. dem. *pronombre demostrativo*
sing. *singular*

Les *Premières Lectures en espagnol* proposent un choix de textes littéraires modernes et contemporains que l'on peut aborder dès que l'on possède bien les premiers éléments de la langue. Il s'agit d'œuvres authentiques, *non simplifiées, non abrégées.* Cette nouvelle collection constitue une toute première étape vers la lecture autonome, grâce à des notes en espagnol facilement repérables, sans dictionnaire ni traduction.

À ce premier niveau comme au suivant (Collection *Lire en...*), une aide est apportée au lecteur, fondée sur la même démarche.

On trouvera :

En page de gauche

des textes contemporains, le plus souvent des nouvelles courtes, voire très courtes, dont les thèmes ont été choisis de manière à intéresser les jeunes aussi bien que les adultes, textes retenus pour leurs qualités littéraires et leur intérêt linguistique.

En page de droite

des notes juxtalinéaires rédigées dans la langue du texte, qui permettent au lecteur de

Comprendre

Tous les mots et expressions difficiles contenus dans la ligne de gauche sont reproduits en caractères gras et expliqués dans le contexte.

Observer

Des notes d'observation de la langue soulignent le caractère idiomatique de certaines tournures ou constructions.

Apprendre

Dans un but d'enrichissement lexical, certaines notes proposent enfin des synonymes, des antonymes, des expressions faisant appel aux mots qui figurent dans le texte.

Grammaire basée sur la fréquence des erreurs

Le lecteur trouvera à la fin de chaque texte un rappel des structures les plus difficilement assimilées par les francophones. Des chiffres de référence renverront au contexte et aux explications données dans les *Grammaires actives* (de l'anglais, de l'allemand, de l'espagnol...) publiées au *Livre de Poche*.

Vocabulaire en contexte

En fin de volume, une liste de 1 500 à 2 000 mots contenus dans les textes, suivis de leur traduction, comporte, entre autres, les verbes irréguliers et les mots qui n'ont pas été annotés faute de place ou parce que leur sens était évident dans le contexte. Grâce à ce lexique on pourra, en dernier recours, procéder à quelques vérifications ou faire un bilan des mots retenus au cours des lectures.

Puisse cette nouvelle collection aider le lecteur à découvrir le plus rapidement possible des œuvres originales dans les littératures étrangères.

Henri YVINEC.

Juan Farias

La larga siesta de papá

Nació en Galicia, a orillas del mar.

Fue marinero en uno de los últimos grandes barcos de vela, vagabundo y estudiante. Hoy es padre de familia numerosa y se dedica a leer y escribir.

En 1980 fue galardonado con el Premio Nacional de Literatura Infantil. Su prosa, sencilla y poética a la vez, seduce a los niños y a los adultos. Escribió varios libros entre los cuales *El cabotaje, Buscadores de agua, Los mercaderes del diablo,* etc.

La larga siesta de papá, cuento didáctico sacado de *Algunos niños, tres perros y más cosas*, relata la historia de un niño que intenta, sin conseguirlo, atraer la atención de su padre.

No sé si el cuento que ha venido a entristecerme es
para niños; puede ser un cuento de niños para padres o
para que un padre y su hijo lo escuchen cogidos de la
mano.

Empieza así:

Hace muchos, muchos, muchos años, en la antigua
China, en una ciudad de papel y barro, blanca de caolín,
entre plantas de arroz y té, un niño igual que todos los
niños, volaba su cometa.

10   No recuerdo si la cometa era un dragón verde de
papel pinocho, o una caja de tres colores, cada uno
dedicado a un espíritu bueno, o la sonrisa de un niño,
una sonrisa amplia, de oreja a oreja y aún más.

Un niño y su cometa en el viento.

El viento se sentía feliz y el niño también lo era, lo
era tanto que sintió la necesidad de compartirlo con
alguien, por ejemplo, con su padre.

El niño, como casi todos los niños, pensaba que su
padre era lo más importante del mundo, más que el
20   viento, la cometa o un gran plato de arroz con la flor de
la miel.

Pero el padre, como muchos padres, era más amigo
de dormir la siesta o de tomar el té con los amigos que
de perder el tiempo en cosas de niños.

El niño invitó a su padre a jugar con la cometa, a reír
con el viento.

El padre, como casi todos los padres, respondió:

—Tengo cosas más serias que hacer. Déjame dormir
tranquilo, ¿quieres?

30   El niño se puso triste y el viento se enfadó.

Sí, el viento se enfadó y como era amigo de todos los
espíritus de la antigua China, fue a pedirles ayuda.

ha venido a entristecerme : ha provocado mi tristeza

cogidos de la mano : con la mano de uno en la mano del otro

empieza < empezar : comenzar

papel : materia con la que se hacen libros o cuadernos □
barro : masa de tierra y agua □ **caolín :** mineral blanco □
arroz : cereal blanca cultivada en China □ **volaba :** aquí, hacía
volar □ **cometa :** juguete que vuela por el cielo □ **recuerdo** <
recordar : guardar en la memoria □ **pinocho :** calidad de papel
□ **una caja :** un pequeño recipiente □ **cada uno :** cada color □
dedicado : aplicado □ **sonrisa :** expresión de satisfacción en la
cara
feliz : muy contento
sintió < sentir (modelo pedir) □ **compartirlo :** compartir ese
sentimiento, comunicarlo □ **alguien :** una persona

era más amigo de : prefería

serias ≠ divertidas □ **déjame :** permíteme

se puso triste : se entristeció (puso < poner, pret. perf. simple)
se enfadó : se encolerizó □ sí ≠ no □ **antigua :** vieja □ **fue** < ir,
pret. perf. simple □ **pedirles :** reclamarles

Y habló con el espíritu del tiempo que es largo y llega desde el principio hasta el fin de casi todas las cosas.

Y el espíritu del tiempo consultó con el espíritu del sueño, que es redondo, se repliega sobre sí y runrunea.

El viento, el sueño y el tiempo tomaron una decisión y el padre se quedó dormido un día y otro, una semana, un mes y otro mes, un año y otro año y otro año...

La cometa del niño se fue haciendo pedazos.

10   El niño creció, fue hombre, tuvo hijos y les hizo cometas que también se hicieron pedazos.

Y mientras, el padre dormía.

Cuando el tiempo, el viento y el sueño decidieron que era suficiente, mandaron un enorme moscardón de bambú, de tres colores y muy ruidoso, a que se posase sobre la nariz del padre.

Y el padre se despertó para encontrarse cara a cara con aquel anciano tan triste.

—¿Quién eres tú? —preguntó el padre—. ¿Qué haces 20 en mi casa?

—Soy un anciano al que dejaste sin recuerdos y sólo por dormir la siesta.

—No sé qué quieres y no te conozco.

—Me conoces. Soy tu hijo. Crecí sin jugar contigo. Tuve hijos sin que jugaras con ellos.

Y el anciano, tomando entre sus manos las manos del padre, le preguntó con todo el cariño que aún no había recibido:

—¿Has dormido bien, papá?

largo : extendido
el principio ≠ **el fin**
consultó con el espíritu : consultó al espíritu
redondo : circular □ **se repliega sobre sí :** *se replie sur lui-même*
□ **runrunea :** hace pequeños ruidos

se quedó dormido : durmió sin cesar

se fue haciendo pedazos < **hacerse pedazos :** deshacerse
creció : se hizo más alto, mayor □ **tuvo** < tener, pret. perf.
simple □ **hizo :** aquí, fabricó
mientras : durante todo eso

mandaron : hicieron volar hacia el padre □ **moscardón :** insecto
gordo (sufijo aumentativo -ón) □ **a que :** aquí, para que □ **se**
posase < posarse, pret. imperf. subj. □ **ruidoso** ≠ silencioso
cara a cara con : frente a
anciano : viejo

dejaste < dejar, pret. perf. simple : abandonaste
por dormir : porque dormías

crecí < crecer, pret. perf. simple

cariño : afecto, amor

Grammaire

Faites les exercices suivants inspirés des phrases du texte. Les chiffres entre parenthèses renvoient à la Grammaire active de l'espagnol *(Le Livre de Poche n° 8582) : le premier est celui du chapitre, le second, en gras, celui de la page.*

I. IR + GÉRONDIF (56, **236**)

Exemple :   El niño le hacía cada vez más preguntas.

           → El niño le iba haciendo más preguntas.

À votre tour, transformez les phrases suivantes en utilisant **ir** + *gérondif :*

El niño crecía poco a poco. / El tiempo pasaba poco a poco. / Cada vez se enfadaba más el espíritu del viento. / Poco a poco, comprendían que el padre no tenía la culpa.

II. EMPLOI DU SUBJONCTIF (49, **206**)

Exemple 1 :   Él le llama para que (contestar) a sus preguntas.

           → Él le **llama** para que **conteste** a sus preguntas.

Exemple 2 :   Él le llamó para que (contestar) a sus preguntas.

           → Él le **llamó** para que **contestara** a sus preguntas.

Comme dans ces deux exemples, mettez au subjonctif les verbes entre parenthèses des phrases suivantes :

El niño insiste para que su padre le (ayudar). / El niño insistió para que su padre le (ayudar). / Se marcha sin que su padre (darse cuenta). / Se marchó sin que su padre (darse cuenta). / Tiene que regresar para que él (despertarse). / Tuvo que regresar para que él (despertarse). / Él se casa sin que su padre lo (saber). / Él se había casado sin que su padre lo (saber).

III. RESTRICTION NÉGATIVE : SOLÓ (79, **328**)

Exemple :   ¿ Se preocupa el padre por su hijo ?

           → No, sólo se preocupa por sus amigos.

Répondez négativement, en utilisant sólo, *aux questions suivantes :*

¿ Tenía el niño doce años ? / ¿ Durmió su padre durante sesenta años ? / ¿ Era la cometa de cinco colores ? / ¿ Llamó el viento a todos los espíritus ? / ¿ Tiene el anciano noventa años ?

IV. LE PASSÉ SIMPLE (43, **186**)

Exemple :   El niño **se puso** triste y el viento **se enfadó**.

           → ponerse / enfadarse.

Comme dans cet exemple, donnez l'infinitif de chacun des verbes en italique des phrases suivantes :

El viento *se sintió* feliz. / El nino *invitó* a su padre a jugar con la cometa. / El viento *fue* a pedir ayuda. / El viento *habló* con el espíritu del tiempo. / El viento, el sueño y el tiempo *tomaron* una decisión. / El nino *creció*, fue hombre, *tuvo* hijos y les *hizo* cometas que también *se hicieron* pedazos.

Fernando Alonso

La pajarita de papel

Nació en Burgos (España) en 1941.

Licenciado en Filología Románica, obtuvo el diploma de Experto en Literatura Infantil y Juvenil trabajando desde entonces en este campo.

En 1972 comenzó a trabajar para el Departamento de Programas Infantiles de RTVE.

Tiene publicados más de veinticinco libros entre los cuales *Feral y las cigüeñas, Senda 1, Senda 2* y sobre todo *El hombrecito vestido de gris y otros cuentos*. Esta obra, de la cual está sacado nuestro relato *La pajarita de papel*, recibió el Premio Lazarillo 1977.

Tato tenía seis años y un caballo
de madera.
Un día, su padre le dijo:
—¿Qué regalo quieres?
Dentro de poco es tu cumpleaños.
Tato se quedó callado.
No sabía qué pedir.
Entonces, vio un pisapapeles sobre
la mesa de su padre.
10   Era una pajarita de plata sobre
un pedazo de madera.
Y sobre la madera estaba escrito:
Para los que no tienen tiempo
de hacer pajaritas
Al leer aquello, sin saber por qué,
el niño sintió pena por su padre
y dijo:
—Quiero que me hagas
una pajarita de papel.
20   El padre sonrió:
—Bueno, te haré una pajarita de papel.
El padre de Tato empezó
a hacer una pajarita de papel;
pero ya no se acordaba.
Fue a una librería y compró un libro.
Con aquel libro, aprendió a hacer
pajaritas de papel.
Al principio, le salían mal; pero,
después de unas horas,
30   hizo una pajarita de papel maravillosa.
—Ya he terminado, ¿te gusta?
El niño miró la pajarita de papel y dijo:

caballo : animal doméstico que sirve en las carreras hípicas

madera : parte sólida de los árboles

dijo < decir, 3e pers. sing., pret. perf. simple

regalo < regalar : ofrecer

cumpleaños : aniversario del nacimiento de una persona

se quedó : permaneció □ **callado** : silencioso

pedir : demandar, solicitar

pisapapeles : objeto pesado que se pone sobre los papeles para que no se muevan

pajarita : figura que representa un pequeño pájaro □ **plata** : metal noble, blanco y brillante □ **pedazo** : pequeño bloque

los que : las personas que

al leer : cuando el niño leyó...

sintió < sentir, 3a pers. sing., pret. perf. simple

hagas < hacer, 2a pers. sing., subj. pres. : que fabriques

sonrió < sonreír, 3a pers. sing., pret. perf. simple

haré < hacer, 1a pers. sing., futuro

empezó : comenzó

no se acordaba : había olvidado cómo hacerla

fue < ir, 3a pers. sing., pret. perf. simple

al principio : al comienzo □ **le salían mal** : no las fabricaba correctamente

hizo < hacer, 3a pers. sing., pret. perf. simple □ **maravillosa** : admirable, muy bonita

—Está muy bien hecha;
pero no me gusta.
La pajarita está muy triste,
    El padre fue a casa de un sabio
y le dijo:
—Esta pajarita de papel está triste;
inventa algo para que esté alegre.
El sabio hizo un aparato,
se lo colocó a la pajarita
10 debajo de las alas,
y la pajarita comenzó a volar.
El padre llevó la pajarita de papel a
Tato y la pajarita voló por toda la
habitación.
—¿Te gusta ahora? —le preguntó.
Y el niño dijo:
—Vuela muy bien, pero sigue triste.
Yo no quiero una pajarita triste.
    El padre fue a casa de otro sabio.
20 El otro sabio hizo un aparato.
Y, con aquel aparato, la pajarita
podía cantar.
La pajarita de papel voló por toda
la habitación de Tato.
Y, mientras volaba, cantaba
una hermosa canción.
Tato dijo:
—Papá, la pajarita de papel está triste;
por eso, canta una triste canción.
30 ¡Quiero que mi pajarita sea feliz!
    El padre fue a casa
de un pintor muy famoso.

hecha < hacer, part.
no me gusta : no la aprecio

sabio : persona culta, que sabe muchas cosas

esté < estar, 3a pers. sing., subj. pres. □ **alegre** ≠ triste
un aparato : una máquina
colocó < colocar, 3a pers. sing., pret. perf. simple : poner,
adaptar a la pajarita

llevó < llevar, 3a pers. sing., pret. perf. simple : transportar

la habitación : el cuarto, la pieza
preguntó < preguntar : interrogar

vuela < volar, 3a pers. sing., pres. indic. □ **sigue triste** : no cesa
de estar triste □ **quiero** < querer, la pers. sing. pres. indic. :
deseo, necesito

aquel : ce (adj. dem.)
podía < poder, 3a pers. sing., pret. imperf. : tenía la posibilidad
de

mientras : durante el tiempo que
hermosa : bonita

por eso : por este motivo
sea < ser, 3a pers. sing., pres. subj. □ **feliz** : contenta

Y el pintor muy famoso pintó
hermosos colores en las alas, en la cola
y en la cabeza de la pajarita de papel.
El niño miró la pajarita de papel
pintada de hermosos colores.
—Papá, la pajarita de papel sigue
estando triste.
        El padre de Tato hizo
un largo viaje.
10 Fue a casa del sabio más sabio
de todos los sabios.
Y el sabio más sabio de todos los sabios,
después de examinar a la pajarita,
le dijo :
—Esta pajarita de papel
no necesita volar,
no necesita cantar,
no necesita hermosos colores
para ser feliz.
20 Y el padre de Tato le preguntó :
—Entonces ¿ por qué está triste ?
Y el sabio más sabio de todos los sabios
le contestó :
—Cuando una pajarita de papel
está sola,
es una pajarita de papel triste.
        El padre regresó a casa.
Fue al cuarto de Tato y le dijo :
—Ya sé lo que necesita nuestra pajarita
30 para ser feliz.
Y se puso a hacer muchas,
muchas, pajaritas de papel.

pintor: artista que reāliza cuadros con pintura □ **famoso:** célebre □ **pintó** < pintar: dibujar aplicando colores □ **alas:** los pájaros las mueven para volar □ **cola:** parte móvil posterior del cuerpo del pájaro □ **cabeza:** parte anterior del pájaro llamada familiarmente "testa" □ **pintada:** coloreada con pintura □ **sigue estando triste:** la tristeza de la pajarita no cesa

un largo viaje: desplazamiento o traslado que dura mucho tiempo □ **el sabio más sabio:** el más sabio entre todos los sabios

después de ≠ antes de

no necesita: no tiene la necesidad de

entonces: en tal caso

contestó < contestar: responder

regresó < regresar: volver
cuarto: habitación, pieza
sé < saber, 1a pers. sing., pres. indic.: conocer

se puso < ponerse, 3a pers. sing., pret. perf. simple: comenzó

Y, cuando la habitación estuvo llena
de pajaritas, Tato gritó:
—¡ Mira, papá! Nuestra pajarita
de papel ya es muy feliz.
Es el mejor regalo que me has hecho
en toda mi vida.
Entonces, todas las pajaritas de papel,
sin necesidad de ningún aparato,
volaron y volaron por toda la habitación.

llena : completamente ocupada

gritó < gritar : levantar mucho la voz

mira < mirar, imper. : ver con mucha atención

ya : ahora, finalmente

mejor : más bueno □ **has hecho** < hacer, 2a pers. sing., pret. perf. compuesto

entonces : en aquella ocasión

☒ **ningún :** "ninguno" > "ningún" delante de los nombres masculinos : ni uno

Grammaire

Faites les exercices suivants inspirés des phrases du texte. Les chiffres entre parenthèses renvoient à la Grammaire active de l'espagnol (Le Livre de Poche n° 8582) : le premier est celui du chapitre, le second, en gras, celui de la page.

I. PASSÉ SIMPLE (PRET. PERF. SIMPLE): FORMES IRRÉGULIÈRES (43, **187**)

Mettez les infinitifs ci-après au passé simple et à la troisième personne du singulier :

decir ; ver ; sentir ; sonreír ; hacer ; ir ; ponerse.

II. EMPLOI DU SUBJONCTIF (49, **206**)

Complétez les phrases suivantes en mettant les verbes entre parenthèses au présent du subjonctif et à la personne qui s'impose :

El niño quiere que su padre le (hacer) una pajarita de papel.

El niño quiere que su padre (inventar) algo para que la pajarita (estar) alegre.

El niño quiere que su pajarita (ser) feliz.

Los sabios intervienen para que la pajarita (perder) su aire triste.

"¡ Quiero que mi pajarita (volar) y (cantar) !" dice el niño a su padre.

III. FUTUR (47, **199**)

Mettez au futur les phrases suivantes :

Te hago una pajarita de papel.

El padre puede modificar la pajarita.

El niño dice gracias al sabio más sabio.

La pajarita sabe volar y quiere cantar.

Los sabios le ponen aparatos a la pajarita.

Al final del relato, el padre y su hijo son felices.

IV. SUPERLATIF RELATIF (12, **56**)

Exemple : las pajaritas / bello
   → Son las pajaritas **más** bellas.
   → Estas pajaritas son **las más** bellas.

Comme dans l'exemple ci-dessus, construisez deux phrases à partir des éléments suivants (attention à l'accord en genre et en nombre de l'adjectif) :

el niño / decepcionado

la pajarita / contento

los sabios / competente

el padre / dinámico

la historia / extraño

los niños / exigente.

Francisco García Pavón

La invención del paraguas pequeñito

Ensayista, crítico literario y narrador español, nació en 1919
en la Mancha. Doctor en filosofía y letras, ha sido catedrático
de Historia de la Literatura.

Entre sus obras más famosas, figuran *Las hermanas coloradas*
(Premio Nadal 1969) y *Cuentos de Mamá,* que escribió después
de la muerte de su madre y del que forma parte el cuento *La
invención del paraguas pequeñito.* Nos da aquí un ejemplo de
este difícil arte de contar en unas pocas páginas un suceso
trivial.

Y un día el cielo amaneció sucio y entelarañado de
gris. Desde el balcón se veía las nubes plomizas pasar
veloces, una tras de otra, a no se sabe qué cita lejana...
Y algunas mujeres apercibidas, llevaban impermeables
de papel de caramelo y paraguas al brazo. Y muchos
hombres gabardinas y paraguas. Todos llevaban paraguas. Todos iban dispuestos a abrirlos en cuanto el cielo
cumpliese su promesa. Y algunas veces caían gotas finas,
y la gente, tímida, miraba hacia arriba. Unos abrían los
10 paraguas; otros no. Algunos los volvían a cerrar en
seguida; otros seguían con ellos abiertos, con cara de
valientes.

Todo esto lo miraba el niño desde su balcón.

Luego arreció más el chispeo, y por las aceras iban y
venían paraguas negros, rojos, verdes, amarillos; brillantes, oscilantes, moviéndose de arriba abajo, de derecha a
izquierda para dejar paso a los que venían por la misma
acera. Por la calle estrecha y triste, paraguas y más
paraguas. Una obsesión de paraguas... Pero los niños no
20 llevaban paraguas. Iban de la mano de su padre o de su
madre cobijados bajo el paraguas grande. Algunos niños
llevaban impermeables con capirote. Otros iban solos,
tristones y harapientos, sin impermeable, sin paraguas de
papá ni de mamá... Pero ninguno de los niños que
pasaban por la calle llevaba paraguas. Y el niño del
balcón quería imaginarse cómo sería un paraguas
pequeñito, de niño. No había visto nunca un paraguas
de niño. ¿Sería tal vez como esos rojos, verdes y
amarillos de las señoritas? Sí y no. Sí, por el tamaño del
30 puño; por lo demás, no. Los paraguas de niño debían
ser de otra manera... más pequeña. Porque a los
paraguas de señorita les pasa lo que a las señoritas:

amaneció: apareció por la mañana □ **entelarañado**: oscurecido
nubes: vapores en suspensión que provocan la lluvia □
plomizas: color de plomo □ **veloces**: rápidas □ **cita** < citar:
convocar □ **lejana**: distante □ **apercibidas**: preparadas

paraguas: utensilio que protege de la lluvia
dispuestos < disponer, part.: preparados □ **en cuanto**: en el
momento en que □ **cumpliese** < cumplir, pret. imperf. subj.:
ejecutar □ **hacia arriba**: en dirección del cielo
los volvían a cerrar: los cerraban después de abrirlos
en seguida: inmediatamente □ **seguían con ellos**: los dejaban □
abiertos < abrir, part. ≠ cerrar □ **valientes**: audaces

arreció: se hizo más fuerte □ **chispeo**: aquí, lluvia □ **aceras**:
trottoirs
moviéndose: haciendo movimientos

estrecha: de dimensiones pequeñas

cobijados: cubiertos
capirote: capucha
tristones: tristes (sufijo peyorativo -ón) □ **harapientos**: mal
vestidos, con prendas viejas y en mal estado

visto < ver, part.
tal vez: *peut-être*
el tamaño: la dimensión
puño: parte por la que se coge el paraguas □ **lo demás**: el resto

lo que a las: lo que les pasa a las

parecen pequeñas y luego no lo son. Cuando llegó su papá (también con paraguas negro y gabardina verde), el niño le pidió en seguida que le dibujase un paraguas pequeñito, de niño. Y su padre, sin dudarlo un momento, con un lápiz rojo y en el margen de un periódico, le pintó el paraguas...

Pero no, no; el paraguas pintado no era de niño, no valía. Aquél no era un paraguas pequeñito.

El papá, riéndose, decía que sí, que sí era pequeñito.
10 Que apenas tenía medio dedo de largo. Pero el niño bien veía que aquel paraguas dibujado de menos de medio dedo de largo, parecía grande; era paraguas de hombre... Su papá le pintó hasta cinco paraguas y todos le resultaban grandes.

El niño, y con razón, se quejó a su mamá.

—No me quiere pintar un paraguas de niño.

—Si paraguas de niño no hay — contestó ella.

—¡Ah! ¿Es verdad que no hay paraguas de niño, papá?
20 —No. Ya has oído a tu madre.

Claro, ya sospechaba él. Por eso no lo podía pintar su padre, que pintaba tan bien... No, no había paraguas de niño, como no había panes de niño, ni plazas de niño, ni tranvías de niño... Claro. Luego... ¡él había inventado el paraguas de niño! Sí, sí, no cabía duda. Él lo había inventado. Bien que lo veía él ahora en su imaginación. Era..., bueno, bien sabía él cómo era. Entonces, ¿había que llegar a hombre sin ver en su vida, sin tener en su vida un paraguas de niño? Sí. No cabía duda.
30 Una idea le asaltó de pronto: cierta vez dijo a su papá que le pintase un martillo de niño... Y se lo pintó. Pero pintado parecía grande... y martillos de niño sí que

llegó: vino (< venir)

pidió: reclamó □ **dibujase** < dibujar, pret. imperf. subj.: representara gráficamente □ **dudarlo**: perder un minuto
lápiz: utensilio para escribir o dibujar algo que se borra con una goma

valía: que correspondía a la idea del niño □ **aquél**: aquel paraguas □ **ri̲éndose**: < reírse, gerundio

dedo: la mano tiene cinco dedos □ **largo**: extendido
le pintó hasta: no se contentó con pintar uno
resultaban: parecían
se quejó: se lamentó

si: aquí, es porque

sospechaba: presentía ☒ **claro**: naturalmente

panes < pan, plural, alimento básico hecho con harina
tranvías: medios de locomoción urbanos poco usados hoy □
luego: por consiguiente □ **no cabía duda**: era evidente

asaltó: vino bruscamente □ **dijo** < decir, pret. perf. simple: aquí, pedir □ **martillo**: utensilio usado para el bricolaje
sí que: claro que

había. Él mismo tenía uno que clavaba y todo.

Con la cara pegada a los cristales estuvo toda la tarde, aguardando ver pasar un niño con paraguas de niño...

Era ya casi noche cerrada cuando paró un coche lujoso frente a su casa. De él salió una señora con un paraguas grande, rojo, que abrió al pisar el asfalto..., y detrás ¡una niña con paragüitas... pequeño, pequeño! ¡Allí estaba!

10   —Pero, ¡quiá! — dijo el niño del balcón cuando se fijó mejor —; aquello no era un paragüitas de niño, aquello era... otra cosa. Parecía de nata o de merengue... o de caja de niño muerto. Aquello era un paraguas de niña, un paraguas estúpido... Aquél no era paraguas de niño, que no existía, ¡que lo había inventado él!

...Y se imaginaba a sí mismo por la calle paseando con un paraguas de niño. Tenía el puño de color caoba y unos anillitos dorados. Y yendo abierto veía pendulear la gomita que sirve de broche cuando se enrolla. Se

20 imaginaba también el patio de recreo de su escuela, lleno de niños con paraguas pequeños. Desfilaban cantando, con los paraguas abiertos. Y el maestro iba delante con un paraguas grande y horrible... Luego se deshizo la formación y todos empezaron a dar carreras y a saltar, llevando en sus manos los paraguas de niño. Algunos simulaban batirse con los paragüitas cerrados.

clavaba : introducía objetos con punta

pegada a : aplicada contra □ **cristales :** vidrios □ **estuvo** < estar, pret. perf. simple □ **aguardando :** esperando

cerrada : aquí, oscura □ **paró :** quedó inmóvil

al pisar : cuando pisó, cuando puso (< poner) los pies en...

¡ quiá ! : ¡ no ! □ **se fijó :** observó

nata : crema □ **merengue :** dulce, golosina

que : aquí, puesto que, porque

caoba : árbol de madera rojiza

anillitos : círculos pequeños (sufijo diminutivo -itos) □ **yendo** < ir, gerundio □ **veía :** el niño veía □ **pendulear :** pender □ **gomita :** elástico pequeño □ **patio de recreo :** espacio descubierto de una escuela donde se divierten los alumnos

maestro : institutor

se deshizo < deshacerse, pret. perf. simple

dar carreras : correr

Grammaire

Faites les exercices suivants inspirés des phrases du texte. Les chiffres entre parenthèses renvoient à la Grammaire active de l'espagnol *(Le Livre de Poche n° 8582) : le premier est celui du chapitre, le second, en gras, celui de la page.*

I. INDÉFINIS (17, **76**)

　　Exemple :　¿ Dónde se fabrican estos paraguas ?

　　　　　　→ No se fabrican en ninguna parte.

Comme dans cet exemple, répondez négativement aux questions suivantes :
¿ Cuántas veces el padre dibujó paraguas ? / ¿ Quién contestó a las preguntas del niño ? / ¿ Qué pensaba su madre ? / ¿ Cuándo fue inventado este objeto ?

II. PARTICIPES PASSÉS IRRÉGULIERS (54, **228**)

　　Exemple : escribir → **escrito**

À votre tour, donnez le participe passé de chacun des verbes suivants :
poner ; abrir ; decir ; ver ; romper ; morir.

III. DESDE, DESDE HACE (29, **130**)

　　Exemple :　Estoy trabajando...

　　　　　　→ Estoy trabajando **desde hace una hora.**

　　　　　　→ Estoy trabajando **desde las dos de la tarde.**

Comme dans cet exemple, complétez de deux façons les phrases suivantes :
El niño está mirando la lluvia... / Hacía preguntas a su padre... / Los paraguas existen...

IV. LE SUBJONCTIF ET LA CONCORDANCE DES TEMPS (49, **206**)

　　Exemple :　Parece mentira que el niño (ser) tan curioso.

　　　　　　→ **Parece** mentira que el niño **sea** tan curioso.

　　　　　　→ **Parecía** mentira que el niño **fuese** tan curioso.

Comme dans l'exemple ci-dessus, mettez d'abord le verbe entre parenthèses au temps et au mode qui s'imposent puis écrivez de nouveau cette phrase en faisant passer le verbe de la proposition principale à l'imparfait de l'indicatif et en n'oubliant pas alors de respecter la concordance des temps :
Es mejor que el padre (contestar) a las preguntas de su hijo. / El niño quiere que sus padres le (escuchar). / Es posible que algún día, él (inventar) algo especial. / El niño le pide que (dibujar) un paraguas.

V. L'OBLIGATION : HAY QUE / TENER QUE

　　Exemple :　Hay que hablar (tú).

　　　　　　→ Tienes que hablar.

Modifiez de la même façon les phrases suivantes :
Hay que ser curioso (yo). / Hay que insistir (él). / Hay que hacer preguntas (usted). / Hay que aprender muchas cosas (vosotros).

Javier Tomeo

El viajero

Nació en Quicena (España) en 1931.

Estudió Derecho y Criminología en la Universidad de Barcelona. En la década de los ochenta, Javier Tomeo se ha confirmado como uno de los mejores narradores españoles con la publicación de varias novelas : *El castillo de la carta cifrada, Amado monstruo, Preparativos de viaje, El cazador de leones, La ciudad de las palomas.*

El viajero está sacado de su libro de relatos titulado *Problemas oculares* que escribió en 1990. En esta novela corta, nos cuenta con mucho humor su encuentro con un cegato durante un viaje en tren.

El tren avanza velozmente por el páramo. Yo estoy sentado junto a la ventanilla, con la mirada puesta en el horizonte.

—¿Hay alguien aquí? —preguntan de pronto.

Un hombre, con el rostro cubierto por unas enormes gafas negras, asoma la cabeza por la puerta.

—Sólo yo —respondo.

—¿Es usted hombre o mujer?

—Juzgue usted mismo —le sugiero con mi voz de
10 bajo profundo.

No puedo enfadarme, porque cuando el desconocido se quita las gafas me muestra unos ojos diminutos, apenas dos hendiduras en un rostro tan pálido como el de la muerte. Entra en el departamento apoyándose en un bastón blanco y con la palma de la otra mano al frente, a modo de parachoques.

—Si es usted hombre —me explica, sentándose a mi lado— no me importa confesarle que soy un cegato. Las mujeres no perdonan a los hombres que andan a
20 tientas.

—Supongo que no todas las mujeres son iguales —le digo.

Le veo encogerse ligeramente de hombros, con el aire de quienes piensan que no vale la pena perder el tiempo discutiendo sobre algo que no tiene vuelta de hoja.

—Lo cierto —me confiesa luego— es que cuando viajo en tren, a través de paisajes cambiantes, me siento terriblemente frustrado.

—Creo que le entiendo —murmuro—. Pero le diré
30 que no hay grandes cosas que ver ahí fuera. Desde hace media hora estamos cruzando un desierto que no tiene trazas de terminar nunca.

velozmente: rápidamente □ **páramo**: terreno desierto
ventanilla: pequeña ventana □ **la mirada puesta**: los ojos que miran fijamente, sin ningún movimiento
alguien ≠ nadie □ **preguntan**: cuestionan □ **de pronto**: apresuradamente □ **el rostro**: la cara □ **cubierto** < cubrir, part.
gafas: monturas con lentes que llevan los miopes □ **asoma**: introduce

juzgue: adivine □ **sugiero** < sugerir, pres. indic. □ **voz de bajo profundo**: voz muy grave
enfadarme: encolerizarme □ **el desconocido**: el hombre que no conozco, que veo por primera vez □ **se quita**: retira □ **diminutos**: reducidos □ **hendiduras**: aberturas estrechas □ **pálido**: descolorido □ **departamento**: compartimiento □ **apoyándose**: sosteniéndose □ **bastón**: *canne* □ **palma**: parte interna de la mano □ **la frente**: parte superior de la cara □ **a modo de**: para servir de □ **sentándose** < sentarse, ger. □ **a mi lado**: cerca de mí □ **confesarle**: reconocer, declarar □ **cegato**: persona que ve muy poco □ **andan a tientas**: avanzan guiándose con los brazos extendidos y las manos que palpan lo que encuentran □ **supongo** < suponer: imagino □ **iguales**: parecidas □ **digo** < decir, la pers. sing., indic. pres.
encogerse de hombros: movimiento de los hombros = *hausser les épaules*
algo: un tema □ **no tiene vuelta de hoja**: es indudable
lo cierto: lo seguro □ **luego**: después
cambiantes: que se modifican □ **me siento** < sentirse

le entiendo: le comprendo □ **diré** < decir, futuro
grandes cosas: cosas interesantes □ **allí fuera**: en el exterior
☑ **desde hacía media hora**: durante treinta minutos □ **cruzando**: atravesando □ **no tiene trazas**: no da la impresión

—Por lo menos —dice el miope, ladeando grotescamente el rostro y fijando una patética mirada en el techo
del vagón— podrá ver algunas nubes.

—Eso sí —le digo.

—¿Por qué no me las describe?

No puedo negar ese capricho a un infeliz que
seguramente no ha visto jamás una gota de rocío
temblando en el pétalo de una rosa.

—Verá usted —le describo—, son formaciones de
10 nubes cumuliformes, es decir, nubes desarrolladas, sobre
todo, en altura. Ya debe de saber usted que la formación
de las nubes está determinada, sobre todo, por la fuerza,
dirección y temperatura del viento.

—¿No tienen forma de dromedario? —inquiere el
miope; que parece ligeramente decepcionado por lo que
le digo.

—Desde luego que no —le respondo, sonriendo—. No
veo dromedarios por ninguna parte.

—Hábleme ahora del desierto —me pide, suspi-
20 rando—. ¿Es cierto que estamos atravesando un
desierto?

—De hecho, es una interminable llanura de arcillas
yesíferas miocénicas, profundamente abarrancadas por
lluvias torrenciales. Una región poco favorecida por la
naturaleza, en la que lo mineral prevalece sobre lo
biológico.

—Es mejor que no continúe —murmura el miope, que
ha empezado a llorar suavemente—. Usted no puede ver
las cosas que a mí me gustaría poder ver. En realidad,
30 no puede verlas nadie.

A partir de este momento permanecemos en silencio.
Mi compañero de departamento ha vuelto a ponerse las

por lo menos: a lo mínimo □ **ladeando**: titubeando □
grotescamente: ridículamente □ **patética**: emocionante □
techo: parte superior □ **podrá** < poder, futuro □ **nubes**: masas
de vapores en suspensión en el cielo

negar: rehusar □ **capricho**: deseo brutal □ **infeliz**: hombre que
da pena □ **visto** < ver, part. □ **jamás**: nunca □ **rocío**: vapor
que se condensa sobre las plantas □ **temblando**: agitándose
lentamente □ **verá** < ver, futuro □ **formaciones**: acumulaciones
cumuliformes: densos □ **desarrolladas**: en gran número □ **en
altura**: muy alto
la fuerza: el vigor

dromedario: animal del desierto con una sola giba □ **inquiere** <
inquirir: informarse □ **decepcionado**: desilusionado
digo < decir, la pers. sing., pres. indic.
desde luego: evidentemente □ **sonriendo** < sonreír, ger.
por ninguna parte: en ningún sitio
hábleme < hablar □ **pide** < pedir: reclamar
cierto: seguro, sin duda

de hecho: efectivamente □ **arcillas yesíferas miocénicas**: *argiles
gypseuses du miocène* □ **abarrancadas por lluvias**: las lluvias
crearon un relieve accidentado □ **poco favorecida**: con poca
ayuda de □ **prevalece sobre**: domina, es más importante

ha empezado: ha comenzado □ **llorar**: tener lágrimas que salen
de los ojos □ **a mí me gustaría**: desearía
puede < poder, 3a pers. sing., pres. indic. □ **nadie**: ninguna
persona, ni una persona □ **permanecemos**: nos mantenemos
ha vuelto a ponerse: se pone de nuevo

gafas y parece dormitar. El tren continúa avanzando por
el páramo. Yo también acabo quedándome dormido.
Cuando me despierto, el miope ha desaparecido. Se fue
y dejó el bastón blanco sobre el asiento. Recorro el
vagón de un extremo al otro y no le veo por ninguna
parte.

—Puede que se haya suicidado —pienso, estremeciéndome—. Puede que se haya arrojado del tren en
marcha.

dormitar : estar medio dormido □ **continúa avanzando** : no cesa de avanzar □ **acabo quedándome dormido** : al fin, duermo durante cierto tiempo □ **me despierto** : ceso de dormir □ **se fue** < irse □ **dejó** : abandonó □ **asiento** : sirve para sentarse □ **recorro** : atravieso □ **extremo** : extremidad □ **por ninguna parte** : en ningún lugar

puede que : es posible que □ **que se haya** : *qu'il se soit* □ **estremeciéndome** : temblando □ **que se haya arrojado** : que haya saltado del tren

Grammaire

Faites les exercices suivants inspirés des phrases du texte. Les chiffres entre parenthèses renvoient à la Grammaire active de l'espagnol *(Le Livre de Poche n° 8582) : le premier est celui du chapitre, le second, en gras, celui de la page.*

I. COMPARATIF D'ÉGALITÉ (50, **214**)

Exemple :   El hombre / ser / miope / un topo
→ El hombre es tan miope como un topo.

En utilisant les éléments fournis ci-après, rédigez des phrases au présent de l'indicatif et contenant un comparatif d'égalité (attention à l'accord en genre et en nombre de l'adjectif) :

Las nubes / parecer / abundante / antes de un diluvio
El tren / avanzar / rápido / un coche
El narrador / mostrarse / amable / un guía
El cegato / ser / extraño / una aparición sobrenatural
Los viajes / resultar / agradable / los paseos.

II. ARTICLE NEUTRE : LO (3, **20**)

Complétez logiquement les phrases ci-dessous avec les expressions suivantes : lo extraño, lo cierto, lo difícil, lo mineral, lo contrario, lo biológico.

Para un cegato, ... es caminar solo.
En la naturaleza, ... prevalece sobre lo ....
En este cegato, ... es su curiosa actitud.
.... es que el cegato casi no ve.
Una región fértil es .... de un desierto.

III. TOURNURES AFFECTIVES : GUSTAR, ENCANTAR (36, **160**)

Exemple :   el cegato / gustar / las descripciones del narrador
→ Al cegato le gustan las descripciones del narrador.

Comme dans cet exemple, composez des phrases à partir des éléments suivants :

el narrador / encantar / viajar
el cegato / gustar / los viajes
los viajeros / gustar / los paisajes agradables
el cegato y el narrador / encantar / dialogar
el narrador / gustar / describir el paisaje al cegato.

IV. ADVERBES DE MANIÈRE EN MENTE : (24, **110**)

Exemple : Veloz → **velozmente**

Transformez de la même façon les adjectifs suivants :

igual ; ligero ; terrible ; patética ; suave ; profundo ; seguro ; interminable ; rápido.

Daína Chaviano

Una denuncia absurda

Nació en 1957 en la ciudad de La Habana (Cuba).

A principios de los años ochenta estudió Licenciatura en Lengua Inglesa en la Universidad de La Habana. Aficionada a la astronomía y a la física nuclear, también se interesa mucho por la ciencia-ficción.

Una denuncia absurda forma parte de su primer libro, publicado en 1980, *Los mundos que amo*. En este volumen, que consta de cinco relatos, Daína Chaviano incursiona en el terreno de la ciencia-ficción con un fresco acercamiento al género. La imaginación de la autora, cargada de matices de cubanía, revela un mundo en el que los planetas extraños, los mundos lejanos y los seres desconocidos se unen en la sorpresa y el misterio.

—¡Te digo que los vi! ¡Te lo juro! ¡Como te estoy viendo a ti ahora!

—Has estado bebiendo otra vez. Más vale que arregles esa silla del comedor, que hace más de tres semanas que cojea.

—Pero mujer...

—¡No quiero discutir más! —gritó la mujer.

Luego respiró hondo y trató de serenarse:

—Mira, Raimundo, estoy muy vieja para estar
10 creyendo en esas historias de marcianos y platillos voladores. Eso estaba bien cuando yo era niña y veía en el cinecito del pueblo aquellas películas, que eran tremendo paquete desde el principio hasta el final. Parece mentira que ahora tú me vengas con esas. ¡Y para colmo de males has vuelto a beber!

—¿Pero no te he dicho más de mil veces que desde hace cinco años no pruebo ni gota de alcohol? Además, tengo testigos de lo que te he dicho. Otro hombre los vio, pero no les hizo caso. Yo venía del pueblo y
20 cuando...

—¿Me vas a volver a contar esta historia ridícula? ¡Te he dicho que no me interesa! Mira, hazme el favor de largarte porque...

Pero ya Raimundo había girado sobre sus talones y salía caminando a toda prisa de su casa. Mientras avanzaba por el polvoriento sendero, paseó la mirada por los surcos de su campo de maíz. ¿Qué haría? Si su propia mujer no le hacía caso, ¿entonces quién le creería? Pensó en sus hijos, todos becados. «Tal vez me
30 escucharían», se dijo. «Muchas veces los niños comprenden mejor las cosas que las personas mayores.»

Pero no; sus hijos se reirían de él. Además, ahora

digo < decir □ **vi** < ver, pret. perf. simple □ **te estoy viendo**: te veo ahora

has estado bebiendo: has bebido □ **más vale**: es preferible

arregles: repares □ **silla**: mueble con cuatro patas que sirve para sentarse □ **comedor**: pieza destinada para comer □ **cojea**: no tiene equilibrio □ **mujer**: exclamación familiar de sorpresa

quiero < querer, la pers. sing., pres. indic. □ **gritó**: levantó la voz □ **luego**: después □ **hondo**: profundo □ **trató de serenarse**: intentó tranquilizarse □ **vieja** ≠ joven

creyendo < creer □ **marcianos**: hab. del planeta Marte □ **platillos voladores**: vehículos volantes en forma de discos que utilizan los extraterrestres □ **cinecito**: pequeño cine □ **películas**: filmes □ **tremendo paquete**: enorme mentira □ **principio**: comienzo □ **me vengas con esas**: me cuentes esas mentiras □ **colmo de males**: agravar la mala situación □ **has vuelto a beber**: expresa la iteración; bebes de nuevo □ **dicho** < decir, part. □ **desde hace... alcohol**: llevo cinco años sin beber alcohol □ **testigos**: personas que asistieron a un acontecimiento **vio** < ver, pret. perf. simple □ **hizo caso**: prestó atención

volver a contar: expresa la iteración; contar de nuevo

hazme el favor de: por favor

largarte: marcharte, ir a otra parte

girado < girar: ir en dirección contraria

caminando: andando □ **a toda prisa**: muy rápidamente □ **mientras**: durante el tiempo que □ **polvoriento sendero**: camino cubierto de tierra muy fina y seca □ **surcos**: líneas profundas y paralelas trazadas en los campos para plantar vegetales

creería < creer □ **becados** < beca: pensión que perciben unos alumnos como ayuda financiera para sus estudios □ **tal vez**: expresión de la hipótesis; puede ser que... □ **mejor**: más bien **reirían** < reír, condicional

estaban muy lejos y no regresarían hasta el fin de semana. «¿Qué haré?», se preguntó de nuevo angustiado. De pronto se le ocurrió aquella idea. «Ya sé. Iré a la estación de policía.» Y hacia allí se dirigió.

El sol comenzaba a descender, acercándose cada vez más al blanquecino borde del horizonte. El crepúsculo devoraba ansiosamente el resplandor del ocaso y las sombras se extendían con rapidez sobre aquella región.

10　Raimundo caminó dos cuadras en dirección al mar, luego dobló hacia la derecha y al término del largo callejón, divisó el cartel colocado a la entrada del lugar. Al llegar allí dudó unos segundos, pero finalmente se decidió.

Cuando penetró en el local, un hombre escribía inclinado sobre un buró. Después de un saludo convencional, Raimundo dijo sin rodeos:

—Vengo a hacer una denuncia.

—¿Ah, sí? ¿De qué se trata? ¿Un robo?

20　—No, es... una especie de desembarco.

—¿¡Cómo!?

El hombre saltó de su silla y tomó el teléfono para marcar un número.

—¿Cuántas lanchas son?

—¿Eh?

—¿Que cuántas lanchas desembarcaron y por dónde?

—No fueron lanchas ni...

—¿Y cuántos hombres?

30　—Cinco.

—Entonces habrá bastado un bote —el policía apartó su mirada de Raimundo y la posó sobre una esquina del

regresarían: volverían □ **hasta**: aquí, antes
haré < hacer, 1a pers. sing., futuro □ **angustiado** < angustia:
dolor moral profundo □ **de pronto**: bruscamente □ **se le**
ocurrió: le vino a la mente □ **hacia**: en dirección de
acercándose: aproximándose
blanquecino: de color más o menos blanco, que tira a blanco
ansiosamente: con angustia □ **resplandor**: luz □ **ocaso**: final
del día □ **se extendían**: ocupaban más espacio, se alargaban □
con rapidez: rápidamente
cuadras: grupo de casas delimitado por cuatro calles A.L.
dobló: cambió de dirección □ **al término**: al final
callejón: calle estrecha □ **divisó**: vio a lo lejos □ **cartel**:
anuncio mural □ **dudó**: hesitó

sin rodeos: de una manera muy directa
hacer una denuncia: acción de denunciar o acusar
robo < robar: tomar para sí con violencia o engaño algo que
pertenece a otra persona □ **desembarco** < desembarcar: acción
de salir de un barco, de un avión, de un platillo volador
saltó: se levantó bruscamente
marcar: manipular la rueda de cifras del teléfono para obtener
el número deseado □ **lanchas**: embarcaciones mayores que
pueden transportar a muchas personas

fueron < ser, 3a pers. plur., pret. pref. simple

bastado < bastar: ser suficiente □ **bote**: barco de remos
pequeño □ **apartó la mirada**: cesó de mirar □ **esquina**: ángulo

buró, mientras se rascaba la cabeza—. No comprendo qué objeto tiene el arriesgarse a cruzar en bote el mar, si podían haberlo hecho en lanchas.

—Oiga, es que no vinieron por mar.

El policía le miró desconcertado.

—¿Y por dónde entonces?

Raimundo señaló hacia el cielo.

—¿En helicópteros?

—No. Mire, usté no comprende...

10 —¿En aviones entonces?

—Bueno, exactamente lo que se dice en aviones... no.

El policía comenzó a perder la paciencia.

—¿Querrá decírmelo de una vez?

—Es que usté no me ha dejado explicar nada. Ya le dije que bajaron del cielo; pero no fue ni en aviones ni en helicópteros.

—Y entonces ¿en qué diablos vinieron? ¿En platillos voladores?

20 —Eso mismo era lo que estaba tratando de decirle.

El hombre se sintió indignado.

—¿Se está burlando de mí? Mire, tengo que entregar un informe dentro de tres horas y le advierto que no tengo tiempo que perder. Así que puede estarse yendo por donde mismo vino.

Raimundo no iba a ceder tan pronto y por ello insistió, casi con vehemencia:

—Yo también tengo mucho que hacer y no puedo estar perdiendo mi tiempo. He venido a hacer una 30 denuncia, ¿puedo hacerla o no?

El policía le miró con aire de resignación y bajando la voz, susurró:

mientras: a la vez que □ **se rascaba:** se pasaba con fuerza los dedos en el pelo □ **objeto:** intención □ **arriesgarse:** exponerse al peligro □ **hecho** < hacer, part.
vinieron < venir, 3a pers. plur., pret. perf. simple
desconcertado: sin comprender

señaló: mostró

usté: usted
entonces: en aquel caso

querrá < querer, futuro □ **de una vez:** en una sola frase
no me ha dejado: no me ha dado la posibilidad de □ **ya:** hace poco tiempo □ **dije** < decir □ **fue** < ser, pret. perf. simple

¿ en qué diablos...?: ¿ de qué manera...?

era < ser, 3a pers. sing., pret. imperf. □ **tratando:** intentando
se sintió < sentirse, 3a pers. sing., pret. perf simple
burlando < burlar: contar mentiras □ **tengo que entregar:** debo dar □ **informe:** aquí, informaciones □ **advierto** < advertir, pres. indic. □ **estarse yendo... vino:** volver a casa

iba < ir, 3a pers. sing., pret. imperf. □ **pronto:** rápido
insistió < insistir □ **vehemencia:** violencia, cólera
puedo < poder, 1a pers. sing., pres. indic.
estar perdiendo: continuar perdiendo

bajando: disminuyendo
susurró: habló con voz muy baja

—Por supuesto. Siéntese y cuéntemelo todo.

Raimundo se acomodó en la silla, y comenzó:

—Mire, hace como dos días yo venía del pueblo Cocuyo, usté sabe, el que está al otro lado de la loma. Pues bien, era por la tarde y yo estaba buscando dónde pasar la noche, pero por aquella llanura no había ni un lugar dónde meterse. Por allí no había más que yerbas y matas por todos lados, y ni una casa, ni un bohío, ni siquiera una cueva... Como ya le dije, era por la tarde y
10 ya estaba oscureciendo en la sabana, cuando de pronto vi uno de esos platillos voladores que yo había visto en las películas. Al principio volaba hacia el mar, pero luego viró y vino pa'donde yo estaba: entonces empezó a dar vueltas en el aire, encima de mi cabeza. Yo creí que me estaba buscando a mí y eché a correr pa'detrás de unos matorrales que había por allí cerca. Luego me dí cuenta de que el platillo aquel lo que buscaba era un sitio para posarse y al parecer lo encontró, porque al rato dejó de dar vueltas y comenzó a bajar sin hacer
20 ruido, hasta que se posó como a veinte metros de donde yo estaba. Era un aparato redondo, y blanquito como la leche. Tenía una hilera de lucecitas azules que parecían ventanitas. Yo me quedé escondido y con las piernas listas para echar a correr al primer tentáculo verde que saliera del aparato. Me quedé como diez minutos escondido detrás de los matorrales, y ya me estaba cansando de estar allí agachado como un bobo, cuando vi que una puerta empezaba a abrirse... Y, mire usté, la puerta se abrió y yo estaba, como le dije, en posición de
30 arrancada, porque en las películas esas que yo vi de niño, cada vez que aterrizaba un platillo con sus luces y todo muy bonito, salía de adentro un pulpo verde, o

por supuesto: ciertamente ☐ **siéntese** < sentarse, imp. ☐
cuéntemelo: dígamelo ☐ **se acomodó**: se instaló convenientemente ☐ **como**: aquí, aproximadamente
al otro lado de: detrás de ☐ **loma**: colina
estaba buscando: estaba explorando, intentaba encontrar
llanura: superficie de terreno llana, sin relieve
lugar: sitio ☐ **meterse**: instalarse ☒ **no había más que**: sólo
había ☐ **matas**: grupo de árboles A.L. ☐ **bohío**: cabaña ☐ **ni
siquiera**: por lo menos ☐ **cueva**: caverna ☐ **dije** < decir
estaba oscureciendo: llegaba la oscuridad ☐ **sabana**: en Cuba,
terreno reservado al ganado ☐ **vi** < ver, pret. perf. simple
al principio: al comienzo ☐ **hacia**: en dirección de
luego: después ☐ **viró**: cambió de dirección ☐ **pa'donde**: hacia
el lugar donde ☐ **dar vueltas**: girar haciendo círculos ☐ **creí** <
creer ☐ **eché**: comencé ☐ **pa'detrás**: para refugiarme detrás
matorrales: vegetación densa ☐ **cerca** ≠ lejos ☐ **me di cuenta
de que**: comprendí que ☐ **el platillo aquel**: aquel platillo
sitio: terreno, lugar ☐ **al parecer**: sin duda ☐ **al rato**:
inmediatamente ☐ **dejó**: cesó ☐ **sin hacer ruido**: sin ningún
sonido ☐ **hasta que**: hasta el momento en que ☐ **se posó**:
aterrizó ☐ **aparato**: máquina ☐ **redondo**: de figura circular ☐
blanquito: muy blanco ☐ **hilera**: serie ☐ **lucecitas**: pequeñas
luces ☐ **me quedé escondido**: permanecí sin mostrarme,
ocultado ☐ **listas para**: a punto de ☐ **echar a**: comenzar a
saliera < salir, 3a pers. sing., pret. imperf. subj.
detrás de ≠ delante de ☐ **me estaba cansando**: me fatigaba
agachado: con el cuerpo medio inclinado ☐ **bobo**: hombre
cándido, estúpido ☐ **empezaba**: comenzaba
dije < decir, 1a pers. sing., pret. perf. simple ☐ **en posición de
arrancada**: a punto de huir ☐ **de niño**: cuando era niño ☐
aterrizaba < aterrizar ≠ despegar
de adentro: del interior ☐ **pulpo**: molusco con tentáculos

unos hombres con tres ojos en la frente, o unos enanos con las cabezas más grandes que los cuerpos, y bichos babosos y cosas así. Pero, aunque no lo crea, le diré que lo que salió del platillo fue ni más ni menos que un hombre igualito a usté o a mí, sólo que un poco más alto porque mediría casi siete pies; pero lo que más me extrañó es que fuera un hombre... ¡y hasta bien parecido! Detrás de él salieron cuatro más, y todos miraban el cielo y la yerba con tremendas caras de
10 asombro como si fueran niños. Llevaban unos trajes raros, de color blanco y pegados al cuerpo, con unos cintos que parecían de oro y unas botas como de metal plateado... En eso sentí la voz de un compay que venía por el camino que va a Yaguasa, y venía tan entretenido que cuando se vino a dar cuenta ya estaba delante de los marcianos esos, pero creo que ni se fijó en el platillo porque, ¿sabe qué fue lo primero que les dijo?

—¿Qué cosa? —preguntó el policía.

—¡Pues que si habían salido de algún manicomio! —
20 Raimundo disimuló a duras penas su indignación y se secó con el dorso de la mano el sudor de su frente—. Bueno, uno de los marcianos le empezó a preguntar cosas. Yo creo que quería distraer al compadre pa'que no llamara a la ambulancia, como él decía que iba a hacer; pero al final se puso furioso porque los marcianos le preguntaron el nombre de este planeta y el guajiro les dijo que se estaban burlando de él, y que éste era un país y no un planeta porque él sabía bien que los planetas estaban por allá arriba, en el cielo...

30 El policía comenzaba a cabecear y abría los ojos haciendo visibles esfuerzos para no dormirse. Al rato ahogó un bostezo y se reclinó en su asiento.

unos : algunos □ **la frente :** parte superior de la cara □ **enanos :**
personas muy pequeñas ≠ gigantes □ **bichos :** *bestioles*
baboso : con saliva espesa y viscosa □ **aunque :** incluso si □ **crea**
< creer, pres. subj. □ **diré** < decir, futuro
igualito a : parecido a, semejante a
mediría < medir : calcular la talla □ **siete pies :** más de dos
metros □ **extrañó :** sorprendió □ **fuera** < ser □ **hasta :** incluso
parecido : igual □ **cuatro más :** otros cuatro
tremendas : terribles □ **caras de asombro :** caras con sorpresa
☑ **como si fueran** < ser, pret. imperf. subj. □ **trajes :** prendas
masculinas convencionales (chaqueta y pantalón) □ **raro :**
extraño, sorprendente □ **cintos :** cinturas □ **metal plateado :**
metal cubierto de plata □ **sentí :** oí □ **compay :** campesino
(Cuba) □ **entretenido :** distraído
se vino a dar cuenta : comenzó a realizar lo que pasaba
ni se fijó en : no notó la presencia de
☑ **lo primero :** la primera cosa □ **dijo** < decir

salido < salir, part. □ **manicomio :** asilo para dementes
a duras penas : difícilmente
dorso : revés □ **sudor :** transpiración
le empezó a preguntar cosas : comenzó a hacerle preguntas
distraer : aquí, ocupar □ **pa'que no llamara :** para que no
llamara □ **iba a hacer :** estaba a punto de hacer
☑ **se puso furioso** < ponerse + adj. : expresión de un cambio

el guajiro : el campesino (Cuba) □ **se estaban burlando :** se reían

arriba ≠ abajo
cabecear : mover la cabeza como alguien que va a dormir
haciendo < hacer, ger. □ **al rato :** en este momento □ **ahogó :**
intentó evitar □ **bostezo :** *bâillement* □ **se reclinó :** se apoyó

Raimundo continuó hablando.

—...y luego el compay se montó de nuevo en su yegua y se largó sin haberles hecho caso. Entonces los marcianos se miraron y yo me di cuenta de que estaban tristes y me dio mucha pena con ellos. Luego se pusieron a hablar, pero no pude entender nada porque el idioma marciano ese es muy raro y no se parece en nada al nuestro. Yo creo que estaban discutiendo lo que iban a hacer porque uno de ellos estiró un brazo y
10 señaló en dirección al pueblo de Cocuyo. Luego parece que se pusieron de acuerdo y cerraron el platillo. No sé cómo lo hicieron porque ninguno lo tocó, sino que uno de ellos se paró delante de él y cerró los ojos como si estuviera pensando algo, y entonces aquella puerta empezó a cerrarse sola. Luego echaron a andar en dirección a Cocuyo. Ya deben haber llegado porque de esto que le cuento hace ya dos días.

—¿Y bien? —dijo el policía desperezándose.

—¿Cómo que «y bien»?

20 —Sí, ¿qué quiere que hagamos?

—Pues... ¡ir a buscarlos! ¡recibirlos!

El policía lo miró fijamente, con mirada escrutadora:

—¿Le contó usted esto a alguien?

—Sólo a mi mujer, pero ella me dijo que yo había vuelto a emborracharme y no me creyó: por eso...

—¡Ah! ¡Vamos! —el policía sonrió satisfecho—. Ya sabía yo...

—Oiga, yo le aseguro a usté que yo no he bebido ni
30 gota desde hace más de cinco años. Yo bajaba antier del pueblo y...

—¡Ya sé, ya sé! Mire, vaya tranquilo para su casa,

yegua : femenino de "caballo"

largarse : marcharse, irse □ **sin... caso** : sin prestarles atención

me dio mucha pena : sufrí mucho, experimenté compasión □ **se pusieron a** : empezaron a □ **pude** < poder □ **entender** : comprender ⊡ **el idioma** : la lengua □ **raro** : extraño, incomprensible □ **lo que iban a hacer** : la cosa que estaban a punto de hacer □ **estiró** : tendió

señaló : mostró □ **luego** : después

se pusieron de acuerdo : tomaron una decisión □ **cerraron** < cerrar ≠ abrir □ **hicieron** < hacer □ **ninguno** : aquí, nadie

se paró : se quedó inmóvil □ **delante** ≠ detrás □ **cerró** ≠ abrió ⊡ **como si estuviera** < estar, pret. imperf. subj.

empezó : comenzó □ **echaron a** : comenzaron a

ya : ahora □ **deben haber llegado** : está seguro que están en Coyuco □ **de esto que le cuento hace ya dos días** : lo que le cuento pasó dos días atrás

hagamos < hacer, 1a pers. plur., pres. subj.

ir a buscarlos : ir a su encuentro □ **recibirlos** : acogerlos y darles la bienvenida □ **fijamente** : sin mover los ojos □ **escrutadora** : que examina atentamente

sólo : solamente □ **había vuelto a emborracharme** : había bebido de nuevo una gran cantidad de alcohol □ **creyó** < creer

¡vamos! : aquí, ¡por fin! □ **sonrió** < sonreír □ **satisfecho** : contento

le aseguro : le certifico, le juro □ **yo no he bebido ni gota desde hace más de cinco años** : me quedé cinco años sin beber alcohol □ **antier** : anteayer, hace dos días (pop.)

sé < saber : comprendo □ **vaya... casa** : vuelva a su casa tómese una taza de café fuerte y métase en la cama.

—Pero los marcianos...

—Sí, hombre, sí. ¡Vaya! Todo se arreglará. Le prometo que le haremos una fiesta a los marcianos con cerveza y todo —y lo empujó suavemente hacia la puerta, dándole golpecitos en la espalda—. Buenas noches y que descanse bien.

Raimundo se alejó con paso lento del lugar. Iba cabizbajo y pensativo. No había logrado convencer a nadie. «Bueno, si no me creen, ¿qué voy a hacer? ¡Allá ellos!» y se dirigió a su casa sin pensarlo otra vez.

En el local de la policía, muy tarde en la noche, el oficial de guardia esperaba su relevo. Diez minutos antes de la hora exacta, éste llegó:

—¡Hola, Julio! ¿Qué tal va eso?

—Bien, Lito. Todo tranquilo —sonrió—. Excepto un borracho que vino a hacer una denuncia absurda.

—¿Una denuncia? —preguntó Lito en tono distraído mientras encendía un cigarro.

—Sí, ¡imagínate! Decía que había visto a unos marcianos que se habían bajado de un platillo volador...

Lito chupó el cigarro y devolvió el humo por la nariz. Luego se asomó a la amplia ventana situada frente al parque y contempló el pueblo dormido, mientras Julio, divertido, contaba:

—...y el platillo volador bajó a tierra. Era redondo y muy blanco...

Las manos de Lito comenzaron a temblar y el cigarro cayó al piso. Sus ojos miraban fijamente la ancha

tómese : beba, imp. □ **métase :** acuéstese, imp.

hombre : *mon vieux* (exclamación familiar) □ **se arreglará :** se solucionará □ **haremos** < hacer, 1a pers. plur., futuro
cerveza : bebida fermentada □ **empujó :** condujo □ **suavemente :** sin precipitación □ **golpecitos :** *petits coups* □ **espalda :** parte posterior del cuerpo □ **descanse** < descansar : reposar
alejó : salió □ **con paso lento :** caminando lentamente
cabizbajo : con la cabeza inclinada hacia abajo □ **pensativo :** que medita mucho □ **logrado :** podido □ **¡ allá ellos !** : *tant pis pour eux*

esperaba su relevo : esperaba su reemplazo por otro guardia □ **antes** ≠ después
¿ qué tal va eso ? : ¿ cómo pasaron las cosas ?
sonrió < sonreír, 3a pers. sing., pret. perf. simple □ **excepto :** a la excepción de □ **borracho :** hombre que ha bebido mucho, alcohólico □ **distraído :** con poca atención
mientras : durante el tiempo en que □ **encendía** ≠ apagaba
visto < ver, part.
se habían bajado : habían saltado a tierra

chupó : fumó A.L. (pop.) □ **devolvió :** hizo salir □ **humo :** vapor consecutivo a la combustión □ **se asomó :** se inclinó □ **amplia :** ancha, extensa
divertido : alegre, de buen humor
bajó : descendió

temblar : palpitar, agitarse
cayó < caer □ **fijamente :** sin mover

explanada del parque, y, cuando habló, su voz sonó insegura :

—¿Estaba rodeado de luces azules?

—¡Exacto! ¡Ja, ja! Unas luces azules que parecían ventanillas o algo así. Los marcianos eran altos...

—¿Medirían siete pies? —volvió a preguntar Lito, sin dejar de mirar hacia el parque.

—¡Eso mismo dijo! ¡Qué ocurrencia! Tenían unos trajes raros.

10 Alguien tocó por la puerta del fondo.

—¿Quién será? ¿No saben que la entrada es por la calle? Pues bien, Lito, como te decía, llevaban unos trajes muy raros, blancos y pegados al cuerpo...

—Ya sé —Lito cerró los ojos y habló despacio como si recitara—, y tenían un cinturón de color oro y unas botas de metal plateado.

—Oye, ¿cómo sabes todo eso? ¿A ti también te hizo el cuento?

—No, *yo los he visto*.

20 —¿Cómo? ¿Qué dices?

—Y tú también los verás ahora, dentro de un momento.

Los pasos terminaron de bordear la casa y el piso del portal de madera crujió bajo el peso de unos cuerpos. La puerta del frente se abrió y cinco pares de botas de metal plateado se detuvieron en el umbral de la puerta...

sonó insegura : tenía un tono inquieto

rodeado : con una serie de luces en su circunferencia

ventanillas : pequeñas ventanas
¿ medirían siete pies ? : ¿ su talla sería de... ? □ **volvió a preguntar :** preguntó de nuevo □ **dejar :** cesar □ **hacia :** en dirección de □ **ocurrencia :** broma, historia estúpida

tocó por la puerta : llamó a la puerta
será < ser, futuro que expresa la hipótesis

pegados : muy ajustados
cerró ≠ abrió □ **despacio :** lentamente ⊠ **como si recitara** < recitar, pret. imperf. subj.

te hizo el cuento : te contó esa broma

verás < ver, 2a pers. sing., futuro □ **dentro de :** al cabo de

bordear : ir por el borde □ **piso :** aquí, suelo
portal : vestíbulo □ **crujió :** produjo un ruido □ **peso :** su peso es de 60 kg
se detuvieron : cesaron de avanzar □ **umbral :** parte inferior de la puerta, *seuil*

Grammaire

Faites les exercices suivants inspirés des phrases du texte. Les chiffres entre parenthèses renvoient à la Grammaire active de l'espagnol (Le Livre de Poche n° 8582) : *le premier est celui du chapitre, le second, en gras, celui de la page.*

I. FORME PROGRESSIVE : **ESTAR** + GÉRONDIF (56, **237**)

Exemple :   ¿ Te burlas de mí ?
   → ¿ Te estás burlando de mí ?

Comme dans l'exemple, mettez à la forme progressive les phrases suivantes :
Veo a los marcianos.
Raimundo cuenta su historia al policía. / La mujer de Raimundo no lo cree.
/ Los marcianos llegan a la estación de policía. / Raimundo dice la verdad.
/ El platillo volador aparece en el cielo.

II. ITÉRATION (57, **241**)

Exemple :   Raimundo vuelve a contar su aventura.
    → Raimundo cuenta **otra vez** su aventura.

En vous inspirant de cet exemple, modifiez les phrases suivantes en introduisant **otra vez** *:*
El platillo volador vuelve a aparecer en el cielo. / El policía vuelve a contar la historia a su colega. / El compay vuelve a montar en su yegua. / Raimundo vuelve a afirmar que no miente.

III. COMO SI + IMPARFAIT DU SUBJONCTIF (49, **210**)

Exemple :   Todos miraron a Raimundo como si (ser) loco.
    → Todos miraron a Raimundo como si **fuera** loco.

À votre tour, conjuguez les verbes entre parenthèses dans les phrases ci-après :
Raimundo explica lo que ha visto como si lo (vivir) otra vez. / Raimundo conversa con los marcianos como si ellos (saber) su lengua. / El policía se reclinó en su asiento como si (empezar) a dormir. / Raimundo da muchos detalles como si (querer) convencer al policía. / Los marcianos actuaban como si (estar) en su propio planeta. / El compay se montó en su yegua y se largó como si los marcianos no (existir).

IV. RESTRICTION NÉGATIVE NE...QUE (79, **328**)

Exemple :   El compay sólo tiene una yegua.
    → El compay no tiene más que una yegua.
    → El compay no tiene sino una yegua.

En vous inspirant de cet exemple, donnez deux autres formulations équivalentes pour chacune des phrases suivantes :
Raimundo sólo bebe agua. / Los policías no exigen sino la verdad. / El compay no piensa más que en largarse. / Los marcianos no preguntan sino el nombre del planeta.

Antonio Ferres

Esperando que nos maten

Nació en Madrid en 1924.

Como muchos españoles de su generación, conoció un largo y terrible exilio después de la guerra civil. Escribió varias novelas entre las cuales *Los vencidos* y *La piqueta*.

En nuestro relato, *Esperando que nos maten,* sacado del libro titulado *Cuentos*, Antonio Ferres evoca los difíciles años de la posguerra española y la situación angustiosa de los que no pertenecían al bando de los vencedores.

Aquellos eran los árboles más altos del mundo. Desde
la casamata-vivienda plantada en medio de la azotea,
sobre el octavo piso, se veían las grises copas invernales.
Era frente al parque del Retiro. Y la cocina estaba
apagada en el frío atardecer, junto a la alcoba única con
los amontonados escasos muebles y mi retrato de veinte
años antes. Ese retrato de invictos orgullosos ojos que
me dan tanta risa.

—¿Qué será de los compañeros? —pregunté a
10 Maruja, como si hablara solo.

—Verás como alguno llega sano y salvo.

Me parecía delgadísima, más pequeña y encogida —si
cabía— que yo mismo. Lo malo resultaba ser que nos
mirábamos con miedo, sin valor para decirnos la
verdad. Seguramente que teníamos encima el peso de los
cuerpos de Pedro y de Fernando enterrados hacía tres
semanas, a lo mejor comidos ya por los gusanos. Los
tales Pedro y Fernando que a ratos se me antojaba que
andaban todavía buscando escondrijo donde meterse y
20 un poco dinero del de Franco. No habíamos podido
darles ni lo uno ni lo otro. Y por eso sin duda los
atraparon dentro de aquella casa en construcción. Creía
yo verlos aún vagando igual que almas en pena. Hasta
imaginaba que podían aparecer en cualquier momento
en la azotea solicitando nuestra ayuda.

Sonaba el ascensor. No importaba si era poco rato.
Pero daba miedo cuando seguía y seguía subiendo ronco
hasta llegar arriba, al último piso del edificio. Quienesquiera que fuesen —los policías secretos— podían
30 alcanzar los finales escalones y asomar a la terraza con
sus ansiosas desencajadas caras.

«Como vengan esos hijos de puta los cosemos a tiros

aquellos: pron. dem. □ **desde**: a partir

casamata-vivienda: apartamento fortificado □ **en medio**: en el centro □ **azotea**: terraza □ **copas**: cimas

el Retiro: parque de Madrid □ **cocina**: aparato para cocer los alimentos □ **apagada**: sin fuego □ **atardecer**: fin de tarde □ **alcoba**: dormitorio □ **amontonados**: acumulados □ **escasos**: pocos □ **retrato**: foto de la figura □ **invictos**: nunca vencidos

me dan tanta risa: me hacen reír mucho

¿qué será? ¿qué habrá pasado?

☑ **como si hablara** < hablar, pret. imperf. subj.

delgadísima ≠ corpulenta □ **encogida**: tímida □ **si cabía**: si era posible □ **lo malo resultaba ser**: el inconveniente era que □ **miedo**: gran inquietud □ **valor**: *courage*

seguramente: sin duda □ **teníamos encima**: soportábamos □ **peso**: carga □ **enterrados**: sepultados

à lo mejor: quizás □ **gusanos**: *vers* □ **los tales**: los mismos

a ratos: a veces □ **se me antojaba**: me parecía

andaban todavía buscando: no cesaban de buscar □ **escondrijo**: lugar para disimularse □ **dinero**: moneda

lo uno: el escondrijo □ **lo otro**: el dinero □ **por eso**: por este motivo □ **atraparon**: capturaron □ **dentro**: en

aún: todavía □ **vagando**: errando □ **igual que**: como □ **hasta**: incluso □ **en cualquier momento**: en un momento indeterminado □ **ayuda**: cooperación

sonaba: hacía ruido □ **poco rato**: momento breve

daba miedo: inquietaba □ **seguía**: continuaba □ **ronco**: sonido áspero □ **arriba** ≠ abajo □ **quienesquiera** < quienquiera: persona indeterminada, alguien, sea quien sea

alcanzar: llegar a □ **escalones**: grados de escalera □ **asomar**: penetrar □ **ansiosas**: inquietas □ **desencajadas**: alteradas

como: aquí, cuando □ **cosemos a tiros**: recibiremos con balas

antes de entregarnos », pensé.

—¿Oyes?

—Sí. Ha llegado al octavo —dije.

No tuve fuerzas de acercarme al baúl donde guardábamos dos pistolas, municiones y el máuser oxidado del ejército. Y en seguida vimos el rostro lívido aquel, pegado a los cristales de la puerta que daba a la terraza.

—Es Pedro —dijo Maruja.

10   —¿Pedro?

—Sí. El otro Pedro.

—Pedro segundo —murmuré.

Me acordé entonces del chico grandón, moreno, que era maestro de escuela. Sabíamos que se había ido con otros cuatro o cinco compañeros a la guerrilla de los montes, por las sierras de las Villuercas y Altamira, cerca del Tajo. Traía el mono y la pelliza destrozados, hechos puros andrajos, y las botas también rotas y cubiertas de lodo. Los ojos se le habían vuelto más

20 grandes y redondos, con un velo de susto o de locura. Destacaban entre sus cejas espesas y sus oscuras barbas revueltas y muy crecidas.

—¿Te ha visto alguien subir? —le preguntó Maruja.

—No. Creo que no.

Tomamos asiento al borde de la cama, porque no había sino dos sillas. Y se puso a contarnos que los guardias civiles cazaron a tiros a su hermano mientras trataba de huir nadando por el río.

30   —¿Sabes si se escapó alguno de los otros? —le interrogué desalentado.

—Ni Dios lo sabe —dijo él. Y se puso de pie. Cada

antes ≠ después □ **entregarnos**: rendirnos, capitular
oyes < oír, 2a pers. sing., pres. indic.
al octavo: al octavo piso □ **dije** < decir, pret. perf. simple
tuve < tener □ **acercarme**: aproximarme □ **baúl**: maleta
grande, cofre □ **guardábamos**: conservábamos □ **máuser**: fusil
ejército: fuerzas armadas □ **rostro**: cara
pegado < pegar: adherir □ **cristales**: vidrios transparentes □
daba: conducía
dijo < decir, 3a pers. sing., pret. perf. simple

segundo: número dos
me acordé: me vino a la memoria □ **entonces**: en aquel
momento □ **ido** < ir, part.

sierras: montañas
Tajo: río □ **mono**: *bleu* □ **pelliza**: *pelisse* □ **destrozados**: en
estado muy malo □ **hechos**: transformados en □ **andrajos**:
ropa muy usada □ **cubiertas** < cubrir □ **lodo**: fango □ **se le
habían vuelto**: se habían transformado □ **velo**: *voile* □ **susto**:
miedo □ **locura**: demencia □ **destacaban**: resaltaban □ **cejas**:
sourcils □ **barbas... crecidas**: pelos en desorden y muy largos
visto < ver, part.

tomamos asiento: nos sentamos □ **cama**: mueble que sirve para
dormir ⊠ **no había sino**: sólo había □ **se puso** < ponerse:
comenzó □ **cazaron**: persiguieron □ **a tiros**: con balas □
mientras: en el momento en que □ **trataba**: intentaba □ **huir**:
escaparse □ **nadando** < nadar: gracias a la natación
desalentado: desanimado, con poca esperanza
ni... sabe: nadie lo sabe □ **se puso de pie**: se levantó

vez se le empañaban un poco más los ojos, se le velaban con aquella tela turbia.

Hacía mucho frío en la vivienda. Y no quedaba leña para prender el fogón de la cocina. Ni papeles teníamos. Pero le di al muchacho una manta y ropas mías limpias.

—Toma. Tienes que quedarte aquí a pasar la noche... Mañana ya hablaremos.

—Aquí mismo puedo —dijo, después de cambiarse las
10 mojadas y andrajosas ropas.

Se sentó en una silla de la cocina, y se envolvió en la manta.

Maruja y yo nos acostamos en seguida.

Apagué la luz de la alcoba, y tardamos todavía un buen rato en entrar en calor, aun tapados hasta los ojos como estábamos. Con el silencio y la luz de la luna cayendo plana en la terraza, la casamata — vivienda parecía flotar muy alto sobre la ciudad, muy libre y lejana. Pero sabíamos que no era verdad. Oíamos cerca
20 a Pedro. No al fusilado, sino a Pedro el que fue maestro de escuela. Lo oíamos allí mismo. Oíamos cómo se agitaba en la incómoda silla y cómo tosía de vez en cuando.

—Tendrá frío —dije.

—Sí —dijo Maruja.

—Podíamos decirle que pasara. Hacerle un poco de sitio a mi lado en la cama — susurré.

—Bueno.

Me incorporé, entonces. Y asomé mis ojos a aquella
30 claridad quieta, antiquísima, que caía de la luna.

—¡Pedro !

—Qué.

empañaban ≠ secaban ☐ **velaban**: cubrían con un velo
tela turbia: velo que altera la transparencia
frío ≠ calor ☐ **vivienda**: apartamento ☐ **no quedaba**: ya no
había ☐ **leña**: *bois* ☐ **prender el fogón**: encender la cocina
di < dar, pret. perf. simple ☐ **manta**: pieza cuadrada utilizada
para abrigarse en la cama y tener calor ☐ **ropas**: prendas ☐
limpias ≠ sucias ☐ **quedarte**: permanecer

puedo < poder ☐ **después** ≠ antes ☐ **cambiarse**: quitar
mojadas: húmedas ☐ **andrajosas**: muy usadas
se sentó < sentarse, pret. perf. simple ☐ **se envolvió**: se cubrió

nos acostamos < acostarse: meterse en la cama ☐ **en seguida**:
inmediatamente ☐ **apagué** ≠ encendí ☐ **tardamos... en calor**: un
buen momento fue necesario para que entrásemos en calor ☐
aun tapados: incluso abrigados, cubiertos
cayendo plana: que invade completamente

lejana ≠ cercana ☐ **verdad** ≠ mentira
☑ **no... sino**: mais

incómoda: sin confort ☐ **tosía**: tenía tos ☐ **de vez en cuando**:
de cuando en cuando
tendrá < tener, futuro

podíamos... que pasara < pasar; c. de t.
sitio: espacio ☐ **a mi lado**: cerca de mí ☐ **susurré**: dije con voz
baja ☐ **bueno**: de acuerdo
me incorporé: me senté en la cama ☐ **asomé**: dirigí la mirada
quieta: tranquila ☐ **antiquísima**: muy vieja

—Ven. Acuéstate acá.

—No —negó tímidamente.

—Anda. Vente.

Lo sentí venir tambaleándose, el bulto grande y torpe
de su cuerpo entrar debajo de las sábanas. Cayó como
en un pozo de agua tibia y dulce, y se quedó dormido,
sin respirar apenas, como si tuviera la ilusión de
quedarse ya muerto para siempre. Ni siquiera escuchaba
con atención el ascensor cuando subía y subía siglos,
10 roncamente tétrico. Ni parecía querer saber que tendre-
mos que aguardar aquí todos juntos en santa promiscui-
dad, hasta que vengan los policías y nos maten.

ven < venir, imperativo □ **acuéstate**: métete en cama □ **acá**: aquí □ **negó**: rehusó

anda: expresión utilizada para insistir (fam.)

tambaleándose: con poco equilibrio □ **bulto**: silueta □ **torpe**: sin habilidad □ **sábanas**: piezas de lienzo colocadas en la cama □ **cayó** < caer □ **pozo**: *puits* □ **tibia**: entre caliente y frío □ **se quedó**: permaneció ☑ **como si tuviera** < tener, pret. imperf. subj. □ **para siempre**: para la eternidad □ **ni siquiera escuchaba**: no escuchaba en absoluto □ **siglos**: aquí, durante mucho tiempo □ **roncamente tétrico**: con su lúgubre ruido ronco □ **aguardar**: esperar *(= attendre)*

hasta que: *jusqu'à ce que* □ **vengan** < venir □ **maten**: asesinen

Grammaire

Faites les exercices suivants inspirés des phrases du texte. Les chiffres entre parenthèses renvoient à la Grammaire active de l'espagnol *(Le Livre de Poche n° 8582) : le premier est celui du chapitre, le second, en gras, celui de la page.*

I. PARTICIPE PASSÉ (54, **228**)

Exemple :   escribir (féminin - pluriel)
→ **escritas.**

Donnez les participes passés des infinitifs suivants en respectant les indications de genre et de nombre (attention aux irrégularités !) :

romper (masculin - singulier)   decir (féminin - singulier)
cubrir (féminin - singulier)   morir (masculin - pluriel)
revolver (masculin - pluriel)   abrir (féminin - pluriel)
plantar (féminin - pluriel)   poner (masculin - singulier)
crecer (masculin - singulier)

II. SEGUIR + GÉRONDIF (56, **238**)

Exemple :   Todos esperaban a los policías
→ Todos seguían esperando a los policías.

Comme dans cet exemple, transformez les phrases ci-après en introduisant l'idée de continuité de l'action (il convient de respecter scrupuleusement les temps employés) :

Sonaba el ascensor.
Pedro duerme.
Esperarán la llegada de los policías.
Tiene frío.
Piensan en los compañeros desaparecidos.
Buscaban el calor.

III. TRADUCTION DE "ON" (58, **242**)

Exemples :   ver / hombres
→ se ve a hombres
ver / árboles
→ se veían árboles.

En utilisant l'imparfait de l'indicatif, transformez de la même façon les éléments suivants :

oír / ascensor   evocar / fugitivos
esperar / policías   ver / muebles
utilizar / manta   necesitar / más calor

IV. SUPERLATIF ABSOLU (12, **54**)

Exemples : delgada → delgadísima / blanco → blanquísimo.

Comme dans ces exemples, donnez le superlatif absolu des adjectifs suivants (attention aux éventuelles modifications orthographiques) :

grande ; altos ; pequeños ; oxidado ; ricas ; pegados ; mojados ; largo ; poco.

Ana María Matute

Los chicos

Nació en Barcelona en 1926.

Es la figura central de la novela femenina en los años cincuenta. De precoz vocación literaria, obtuvo a los treinta y dos años el Premio Nacional de Literatura con *Los hijos muertos.* Su tema favorito es el mundo de los niños que evoca una vez más en *Historia de la Artámila,* libro que contiene veintidós relatos generalmente tristes en los que la novelista muestra la crueldad y el egoísmo de los seres humanos.

En *Los chicos,* novela corta sacada de *Historia de la Artámila,* cuenta una anécdota en la que vemos a unos niños copiando el mundo de los mayores.

Eran sólo cinco o seis, pero así, en grupo, viniendo
carretera adelante, se nos antojaban quince o veinte.
Llegaban casi siempre a las horas achicharradas de la
siesta, cuando el sol caía de plano contra el polvo y la
grava desportillada de la carretera vieja, por donde ya
no circulaban camiones ni carros, ni vehículo alguno.
Llegaban entre una nube de polvo, que levantaban sus
pies, como las pezuñas de los caballos. Los veíamos
llegar, y el corazón nos latía de prisa. Alguien, en voz
10 baja, decía: "¡ Que vienen los chicos...!" Por lo general,
nos escondíamos para tirarles piedras, o huíamos.

Porque nosotros temíamos a los chicos como al
diablo. En realidad, eran una de las mil formas del
diablo, a nuestro entender. Los chicos harapientos,
malvados, con los ojos oscuros y brillantes como
cabezas de alfiler negro. Los chicos descalzos y callosos,
que tiraban piedras de largo alcance, con gran puntería,
de golpe más seco y duro que las nuestras. Los que
hablaban un idioma entrecortado, desconocido, de
20 palabras como pequeños latigazos, de risas como
salpicaduras de barro. En casa nos tenían prohibido
terminantemente entablar relación alguna con esos
chicos. En realidad, nos tenían prohibido salir del prado,
bajo ningún pretexto. (Aunque nada había tan tentador,
a nuestros ojos, como saltar el muro de piedras y bajar
al río, que, al otro lado, huía verde y oro, entre los
juncos y los chopos.) Más allá, pasaba la carretera vieja,
por donde llegaban casi siempre aquellos chicos distin-
tos, prohibidos.

30   Los chicos vivían en los alrededores del Destacamento
Penal. Eran los hijos de los presos del Campo, que
redimían sus penas en la obra del pantano. Entre sus

sólo: solamente □ **viniendo carretera adelante**: andando por la carretera □ **carretera**: lugar por donde pasan los vehículos □ **antojaban**: parecían □ **achicharradas**: calientes

de plano: completamente □ **polvo**: pequeñas partículas que cubren las carreteras □ **grava**: piedrecitas □ **desportillada**: con contornos cortantes □ **carros**: vehículos

nube: *nuage* □ **levantaban**: desplazaban

pezuñas: extremidad de los pies de los caballos □ **veíamos** < ver, pret. imperf. □ **de prisa**: rápidamente □ **alguien** ≠ nadie

escondíamos: disimulábamos □ **huíamos**: nos íbamos rápidamente □ **temíamos**: sentíamos terror

entender: aquí, parecer □ **harapientos**: con prendas muy pobres **malvados**: malos

cabezas de alfiler: *têtes d'épingles* □ **descalzos**: sin zapatos □ **callosos**: *calleux* □ **de largo alcance**: a mucha distancia □ **puntería**: habilidad

un idioma: una lengua □ **entrecortado**: pronunciado sin continuidad □ **latigazo** < látigo: utensilio con una cuerda para golpear □ **risas**: manifestaciones de contento □ **salpicaduras** < salpicar: lanzar gotas de líquido □ **barro**: *boue* □ **prohibido** ≠ autorizado □ **entablar**: establecer □ **prado**: terreno con hierba **aunque nada había**: pero en realidad, no había nada □ **tentador**: que atrae

río: corriente de agua que desemboca en el mar □ **huía**: corría **juncos**: plantas a orillas del río □ **chopos**: *peupliers* □ **más allá**: detrás del río □ **aquellos**: demostrativo de admiración

los alrededores: los pueblos que están cerca

presos: prisioneros □ **redimían**: expiaban □ **pantano**: terreno cubierto de agua y barro

madres y ellos habían construido una extraña aldea de
chabolas y cuevas, adosadas a las rocas, porque no se
podían pagar el alojamiento en la aldea, donde, por otra
parte, tampoco eran deseados. "Gentuza, ladrones,
asesinos...", decían las gentes del lugar. Nadie les
hubiera alquilado una habitación. Y tenían que estar
allí. Aquellas mujeres y aquellos niños seguían a sus
presos, porque de esta manera vivían del jornal, que, por
10 su trabajo, ganaban los penados.

Para nosotros, los chicos eran el terror. Nos insulta-
ban, nos apedreaban, deshacían nuestros huertecillos de
piedra y nuestros juguetes, si los pillaban sus manos.
Nosotros los teníamos por seres de otra raza, mitad
monos, mitad diablos. Sólo de verles nos venía un
temblor grande, aunque quisiéramos disimularlo.

El hijo mayor del administrador era un muchacho de
unos trece años, alto y robusto, que estudiaba el
bachillerato en la ciudad. Aquel verano vino a casa de
20 vacaciones, y desde el primer día capitaneó nuestros
juegos. Se llamaba Efrén y tenía unos puños rojizos,
pesados como mazas, que imponían un gran respeto.
Como era mucho mayor que nosotros, audaz y
fanfarrón, le seguíamos a donde él quisiera.

El primer día que aparecieron los chicos de las
chabolas, en tropel, con su nube de polvo, Efrén se
sorprendió de que echáramos a correr y saltáramos el
muro en busca de refugio.

—Sois cobardes — nos dijo —. ¡Ésos son
30 pequeños!

No hubo forma de convencerle de que eran otra cosa :
de que eran algo así como el espíritu del mal.

—Bobadas — dijo. Y sonrió de una manera torcida y

extraña: insólita □ **aldea**: pueblo pequeño
chabolas: casas pobres □ **cuevas**: cavernas
alojamiento: hecho de habitar
deseados: queridos □ **gentuza**: mala gente (sufijo peyorativo
-uza) □ **ladrones**: bandidos □ **asesinos**: personas que asesinan
hubiera alquilado < alquilar: ceder durante cierto tiempo en
contra de dinero
jornal: salario cotidiano
penados: presos, prisioneros

apedreaban: lanzaban piedras □ **huertecillos** < huertos: jardines
pillaban: atrapaban (sujeto: sus manos)
teníamos: aquí, considerábamos □ **seres**: personas
monos: *singes*
aunque quisiéramos disimularlo: queríamos disimularlo, pero no
podíamos
unos: más o menos
bachillerato: enseñanza segundaria □ **vino** < venir, pret. perf.
simple □ **capitaneó**: dominó, mandó
puños: manos cerradas □ **rojizos** < rojos (sufijo -izos): de color
más o menos rojo □ **pesados** ≠ ligeros □ **imponían**: obligaban a

fanfarrón: orgulloso
⊘ **primer** < primero (apócope)
tropel: grupo desordenado
⊘ **se sorprendió de que** + subj. □ **echáramos** < echarse a:
ponerse a, empezar a □ **en busca**: queriendo encontrar
cobardes ≠ valerosos

forma: manera
algo así como: algo como
bobadas: cosas estúpidas □ **torcida**: aquí, mala

particular, que nos llenó de admiración.

Al día siguiente, cuando la hora de la siesta, Efrén se escondió entre los juncos del río. Nosotros esperábamos, ocultos detrás del muro, con el corazón en la garganta. Algo había en el aire que nos llenaba de pavor. (Recuerdo que yo mordía la cadenilla de la medalla y que sentía en el paladar un gusto de metal raramente frío. Y se oía el canto crujiente de las cigarras entre la hierba del prado.) Echados en el suelo, el corazón nos golpeaba contra la tierra.

Al llegar, los chicos escudriñaron hacia el río, por ver si estábamos buscando ranas, como solíamos. Y para provocarnos empezaron a silbar y a reír de aquella forma de siempre, opaca y humillante. Ése era su juego: llamarnos, sabiendo que no apareceríamos. Nosotros seguimos ocultos y en silencio. Al fin, los chicos abandonaron su idea y volvieron al camino, trepando terraplén arriba. Nosotros estábamos anhelantes y sorprendidos, pues no sabíamos lo que Efrén quería hacer.

Mi hermano mayor se incorporó a mirar por entre las piedras y nosotros le imitamos. Vimos entonces a Efrén deslizarse entre los juncos como una gran culebra. Con sigilo trepó hacia el terraplén, por donde subía el último de los chicos, y se echó encima.

Con la sorpresa, el chico se dejó atrapar. Los otros ya habían llegado a la carretera y cogieron piedras, gritando. Yo sentí un gran temblor en las rodillas, y mordí con fuerza la medalla. Pero Efrén no se dejó intimidar. Era mucho mayor y más fuerte que aquel diablillo negruzco que retenía entre sus brazos, y echó a correr arrastrando a su prisionero hacia el refugio del

cuando : aquí, a

garganta : parte anterior del cuello
pavor : terror
cadenilla : lo que sostiene la medalla
paladar : parte superior del interior de la boca
crujiente : califica el ruido de las cigarras
echados : en posición horizontal
golpear : latir
al llegar : cuando llegaron □ **escudriñaron** : examinaron
ranas : animales batracios □ **solíamos** : teníamos la costumbre
silbar : dar sonidos con la boca casi cerrada
opaca : aquí, evidente, franca

seguimos : nos quedamos
trepando terraplén arriba : subiendo por el terraplén
estábamos anhelantes : respirábamos con dificultad
pues : porque, ya que

se incorporó : se levantó □ **a** : para

deslizarse : *se glisser* □ **culebra** : serpiente
sigilio : prudencia □ **trepó** : subió
se le echó : se precipitó

cogieron : tomaron
gritando : dando voces □ **rodillas** : articulación del muslo con la
pierna □ **no se dejó intimidar** : resistió a la intimidación
mayor : con unos años más
diablillo : pequeño diablo □ **negruzco** : de color negro □ **echó
a** : se puso a □ **arrastrando a su prisionero** : tirando de él

prado, donde le aguardábamos. Las piedras caían a su alrededor y en el río, salpicando de agua aquella hora abrasada. Pero Efrén saltó ágilmente sobre las posaderas, y arrastrando al chico, que se revolvía furiosamente, abrió la empalizada y entró con él en el prado. Al verlo perdido, los chicos de la carretera dieron media vuelta y echaron a correr, como gazapos, hacia sus chabolas.

Sólo de pensar que Efrén traía a una de aquellas
10 furias, estoy segura de que mis hermanos sintieron el mismo pavor que yo. Nos arrimamos al muro, con la espalda pegada a él, y un gran frío nos subía por la garganta.

Efrén arrastró al chico unos metros, delante de nosotros. El chico se revolvía desesperado e intentaba morderle las piernas, pero Efrén levantó su puño enorme y rojizo, y empezó a golpearle la cara, la cabeza y la espalda. Una y otra vez, el puño de Efrén caía, con un ruido opaco. El sol brillaba de un modo espeso y
20 grande, sobre la hierba y la tierra. Había un gran silencio. Sólo oíamos el jadeo del chico, los golpes de Efrén y el fragor del río, dulce y fresco, indiferente, a nuestras espaldas. El canto de las cigarras parecía haberse detenido. Como todas las voces.

Efrén estuvo mucho rato golpeando al chico con su gran puño. El chico, poco a poco, fue cediendo. Al fin, cayó al suelo de rodillas, con las manos apoyadas en la hierba. Tenía la carne oscura, del color del barro seco, y el pelo muy largo, de un rubio mezclado de vetas
30 negras, como quemado por el sol. No decía nada y se quedó así, de rodillas. Luego, cayó contra la hierba, pero levantando la cabeza, para no desfallecer del todo. Mi hermano mayor se acercó despacio, y luego

aguardábamos: deteníamos y vigilábamos □ **a su alrededor**: cerca de el □ **salpicando**: *éclaboussant*

abrasada: con mucho calor □ **ágilmente**: con agilidad □ **posaderas**: parte del cuerpo que sirve para sentarse □ **revolvía**: se defendía □ **empalizada**: muro □ **al verlo perdido**: cuando le vieron capturado □ **dieron media vuelta**: abandonaron el terreno □ **gazapos**: conejos jóvenes □ **hacia**: en dirección de

sólo de pensar: el único hecho de pensar □ **traía**: venía con

estoy segura: tengo la certidumbre □ **sintieron** < sentir

pavor: terror □ **nos arrimamos**: nos acercamos

espalda: *dos* □ **pegada**: muy cerca □ **subía**: invadía

arrastró al chico: tiró del chico

intentaba: hacía esfuerzos por, trataba de

empezó: comenzó □ **golpearle**: darle golpes, pegarle □ **cara**: rostro □ **una y otra vez**: muchas veces

opaco: aquí, sordo □ **espeso**: aquí, con una luz intensa

sólo: únicamente □ **jadeo**: respiración difícil

fragor: ruido

parecía haberse detenido: parecía haber cesado

las voces: los gritos

estuvo... golpeando: se pasó mucho tiempo dando golpes

fue cediendo: poco a poco cesó de resistir

cayó < caer: perdió el equilibrio y se fue al suelo

la carne: la piel □ **barro**: mezcla de agua y de tierra

largo ≠ corto □ **rubio**: de color amarillo dorado □ **vetas**: venas □ **quemado**: calcinado □ **se quedó**: permaneció

luego: después

desfallecer: perder conciencia □ **del todo**: completamente

se acercó: se aproximó □ **despacio**: lentamente

nosotros.

Parecía mentira lo pequeño y lo delgado que era. "Por la carretera parecían mucho más altos", pensé. Efrén estaba de pie a su lado, con sus grandes y macizas piernas separadas, los pies calzados con gruesas botas de ante. ¡Qué enorme y brutal parecía Efrén en aquel momento!

—¿No tienes aún bastante? — dijo en voz muy baja,
10 sonriendo. Sus dientes, con los colmillos salientes, brillaron al sol —. Toma, toma...

Le dio con la bota en la espalda. Mi hermano mayor retrocedió un paso y me pisó. Pero yo no podía moverme: estaba como clavada en el suelo. El chico se llevó la mano a la nariz. Sangraba, no se sabía si de la boca o de dónde.

Efrén nos miró.

—Vamos — dijo —. Ése ya tiene lo suyo.

Y le dio con el pie otra vez.

20 —¡Lárgate, puerco! ¡Lárgate en seguida!

Efrén se volvió, grande y pesado, despacioso, hacia la casa. Muy seguro de que le seguíamos.

Mis hermanos, como de mala gana, como asustados, le obedecieron. Sólo yo no podía moverme, no podía, del lado del chico. De pronto, algo raro ocurrió dentro de mí. El chico estaba allí, tratando de incorporarse, tosiendo. No lloraba. Tenía los ojos muy achicados, y su nariz, ancha y aplastada, vibraba extrañamente. Estaba manchado de sangre. Por la barbilla le caía la sangre,
30 que empapaba sus andrajos y la hierba. Súbitamente me miró. Y vi sus ojos de pupilas redondas, que no eran negras sino de un pálido color de topacio, transparentes, donde el sol se metía y se volvía de oro. Bajé los míos,

mentira ≠ verdad □ **pequeño** ≠ alto □ **delgado** ≠ grueso
parecían: daban la impresión de ser
de pie ≠ sentado □ **a su lado**: cerca de él □ **macizas** ≠ finas
piernas: son largas y sirven para andar □ **calzados**: *chaussés*
ante: piel de un animal rumiante parecido al ciervo

¿no tienes aún bastante?: ¿no has recibido un número
suficiente de golpes? □ **sonriendo** < sonreír □ **colmillos**:
dientes caninos □ **salientes**: prominentes
le dio: le dio golpes
retrocedió un paso: dio un paso atrás □ **me pisó**: puso el pie
sobre el mío □ **clavada**: inmovilizada
se llevó la mano: la dirigió □ **sangraba**: perdía sangre □ **si**: si
venía de

ése: el prisionero □ **tiene lo suyo**: tiene lo que merecía y en
cantidad suficiente
lárgate: vete □ **puerco**: cochino □ **en seguida**: inmediatamente
se volvió: regresó □ **pesado** ≠ ligero □ **despacioso**: lentamente
muy seguro: sin ninguna duda □ **le seguíamos**: íbamos con él
de mala gana: sin quererlo □ **asustados**: que tienen miedo
obedecieron: se sometieron a la orden □ **moverme**: irme con
ellos □ **de pronto**: bruscamente □ **raro**: extraño □ **ocurrió**: se
produjo □ **tratando de**: intentando □ **incorporarse**: levantarse
tosiendo: *en toussant* □ **achicados**: pequeños
ancha ≠ fina □ **aplastada**: *aplatie* □ **extrañamente**: de un
modo inacostumbrado □ **manchado**: con tachas □ **barbilla**:
parte inferior del rostro □ **empapaba**: mojaba □ **andrajos**:
prendas muy viejas y en mal estado □ **de**: aquí, con las
topacio: piedra preciosa amarilla
se metía: se reflejaba □ **se volvía de**: se transformaba en

llena de una vergüenza dolorida.

El chico se puso en pie, despacio. Se debió herir en una pierna, cuando Efrén lo arrastró, porque iba cojeando hacia la empalizada. No me atreví a mirar su espalda, renegrida y desnuda entre los desgarrones. Sentí ganas de llorar, no sabía exactamente por qué. Únicamente supe decirme: "Si sólo era un niño. Si era nada más que un niño, como otro cualquiera".

llena: invadida por □ **vergüenza**: *honte* □ **dolorida**: que causa
dolor □ **se puso en pie**: se levantó □ **herir**: lesionar
iba cojeando: caminaba con desigualdad a causa de su pierna
estropeada □ **no me atreví**: no osé
renegrida: muy negra □ **desgarrones**: *déchirures*
ganas: deseo
supe < saber, pret. perf. simple □ **sólo era**: no era más que
otro cualquiera: cualquier otro niño

Grammaire

Faites les exercices suivants inspirés des phrases du texte. Les chiffres entre parenthèses renvoient à la Grammaire active de l'espagnol (Le Livre de Poche n° 8582) : *le premier est celui du chapitre, le second, en gras, celui de la page.*

I. VERBES À ALTERNANCE VOCALIQUE (Annexe 8, 356)

Exemple : El hombre se lo (repetir, pret. perf. simple) a su mujer.
→ El hombre se lo **repitió** a su mujer.

Comme dans cet exemple, conjuguez les verbes à alternance des phrases ci-après aux temps et personnes demandés :
Nosotros (impedir, futuro) que salga con ellos. / Ella les (pedir, pret. imperf.) que dejasen de pegarlo. / La chica lo (seguir, pres. indic.) a todas partes.

II. APOCOPE (10, 46)

Exemple : ...... chico podía defenderse.
→ Cualquier chico podía defenderse.

Comme dans cet exemple, remplacez les pointillés des phrases ci-dessous par un des mots suivants (attention à l'apocope !) : uno, grande, primero, ninguno.
Era su .... día de clase. / Sus amigos le habían reservado una .... sorpresa. / Golpeó al chico sin .... razón. / ¿ Tienes un lápiz ? Sí, tengo ....

III. AL + INFINITIF (53, 226)

Exemple : Cuando llegó al prado, notó que pasaba algo.
→ **Al llegar** al pueblo, notó que pasaba algo.

À votre tour, modifiez de la même façon les phrases suivantes :
Cuando vio a los chicos, se asustó. / Cuando recibió el primer golpe, empezó a llorar. / Cuando realizó su error, se puso a meditar. / Cuando se fue, topó con la chica.

IV. NO...SINO (79, 328)

Exemple : ¿ Era rico el niño ?
→ No, no era rico, sino pobre.

Répondez aussi aux questions suivantes en utilisant no... sino :
¿ Pasó la escena en una casa ? / ¿ Son los protagonistas personas mayores ? / ¿ Es francesa la escritora ? / ¿ Escribió este cuento en el siglo XVII ?

V. PRONOMS PERSONNELS COMPLÉMENTS : SE LO(S) / SE LA(S) (35, 156)

Exemple : Dio una patada al niño → **Se la** dio.

Remplacez les compléments d'objet directs et les compléments d'objet indirects par des pronoms personnels :
Dijo al otro que era un tonto. / Mostró sus juguetes a su compañero. / Dejaba todo su dinero a su familia.

Antonio Menchaca

El inventor

Nació en 1921 en Las Arenas (España).

Tras graduarse como Oficial en la Escuela Naval Militar de Marín, estudió Humanidades en Oxford y Derecho en Madrid. Ha publicado varias novelas *(Mar de fondo, Bandera negra, El camino de Roma, Las cenizas del esplandor)*, cinco libros de ensayos y un volumen de relatos titulado *Amor siempre asediado y otros relatos* del que está sacada nuestra novela corta, *El inventor.*

El inventor evoca con originalidad, sensibilidad y alta calidad literaria la vida de los hombres prehistóricos, en su incesante búsqueda del secreto del fuego.

Desde niño se había dedicado a hacer cosas extrañas, fuera de lo común. Se pasaba el tiempo sentado en un rincón con las piernas cruzadas en actitud meditativa. No siempre era fácil distinguirle del idiota que hacía poco más o menos lo mismo en otro rincón de la cueva, a no ser por la expresión que en uno estaba muerta y en otro no. Al incorporarse llenaba las rugosas paredes de roca con misteriosos signos para lo que utilizaba desperdicios de comidas y trozos de plantas en cuya
10 recolección se pasaba media vida. En la semipenumbra de la cueva, solitario y silencioso, hacía cosas inútiles como afilar palitos, rozarlos unos contra otros o manchar con su jugo la roca. Tan sólo cuando se habían marchado de caza hasta el último macho de la tribu se le acercaban tímidamente primero los niños, luego las mujeres dominados por la curiosidad. Le hacían preguntas que él respondía sin desanimarse por las risas que estallaban en la penumbra ni por las interrupciones que las motivaban. Cuando los machos volvían de la caza y
20 dejaban las piezas cobradas en las zonas más anchas e iluminadas de la cueva, los gritos de triunfo, de cantos de victoria y satisfacción, atraían a las mujeres curiosas y a los niños con lo que él retornaba a la soledad, sólo interrumpida por la visita de los machos más excitados que apuntando a los trofeos sanguinolentos que habían saciado ya el hambre de la tribu le recriminaban estruendosamente su inutilidad.

El sacerdote con su voz grave le conminaba a comportarse como un adulto ya que para parásitos
30 bastaban las mujeres y los niños, de otra forma tendría que buscarse la comida fuera de la cueva, por sus propios medios. No podía seguir alimentándose a costa

desde niño : desde la infancia ☐ **dedicado** : ocupado ☐ **extrañas** : raras ☐ **fuera de lo común** : especiales ☐ **se pasaba el tiempo** : ocupaba su tiempo ☐ **rincón** : sitio aislado ☐ **cruzadas** : atravesadas en forma de cruz ☐ **siempre** ≠ nunca ☐ **distinguirle** : diferenciarle ☐ **lo mismo** : actividades iguales ☐ **cueva** : caverna ☐ **a no ser** : excepto, salvo ☐ **muerta** : sin vida ☑ **al incorporarse** : cuando se sentaba ☐ **llenaba** : escribía en gran cantidad ☐ **rugosas** ≠ lisas ☐ **paredes** : muros **desperdicios** : residuos ☐ **comidas** < comer ☐ **trozos** : pequeñas partes ☐ **en cuya... media vida** : ocupaba la mitad de su vida en reunirlos ☐ **semipenumbra** : poca claridad, casi oscuridad

afilar : *affûter* ☐ **palitos** : trozos de madera ☐ **rozarlos** : frotarlos **manchar** : *tacher* ☐ **jugo** : líquido ☐ **tan sólo** : únicamente ☐ **marchado** : ido ☐ **hasta... tribu** : todos los machos ☐ **se le acercaban** : se aproximaban ☐ **primero** : en primer lugar ☐ **luego** : después ☐ **hacían preguntas** : interrogaban

desanimarse : perder confianza ☐ **risa** : expresión física de la alegría ☐ **estallaban** : sobrevenían bruscamente

motivaban : provocaban ☐ **caza** < cazar : matar animales para comerlos ☐ **dejaban** : exponían ☐ **cobradas** : capturadas ☐ **anchas** ≠ estrechas ☐ **gritos** : exclamaciones ☐ **cantos** < cantar **atraían** < atraer : llamar la atención

con lo que : a consecuencia de que ☐ **retornaba** : volvía ☐ **soledad** : aislamiento

apuntando : mostrando ☐ **sanguinolentos** : con sangre **saciado** : eliminado ☐ **hambre** : necesidad de comer ☐ **recriminaban** : reprochaban ☐ **estruendosamente** : con violencia verbal **sacerdote** : ministro del culto ☐ **conminaba** : amenazaba **ya que** : puesto que, dado que

bastaban : eran suficientes ☐ **forma** : manera ☐ **tendría que** : debería ☐ **buscar** : encontrar ☐ **comida** : alimentos ☐ **fuera** ≠ dentro ☐ **por... medios** : solo ☐ **a costa de** : a cargo de

del esfuerzo ajeno. Él volvía a solicitar un poco más de paciencia, no podía estar lejano el momento en el que su trabajo fuese reconocido tan útil como cualquier otro. El sacerdote irritado le escupía volviéndole las espaldas. Él entonces salía fuera para evitar ser sacrificado. Se tumbaba en el suelo a contemplar la bóveda celeste en cuya ocupación se quedaba dormido. No le despertaban ni la lluvia ni el frío pero sí el trueno aunque no por temor sino todo lo contrario.

10 Aquella tremenda e inexplicable conmoción no producía nunca cataclismo alguno sino que tan sólo era la señal anunciadora del signo mágico más importante de todos cual era el rayo. Era impresionante verlo surcar los cielos en medio de la atronadora descarga para ir a caer sobre el bosque incendiándolo. Corría hacia el fuego sin temor para descubrir su secreto. ¿No habría alguna forma de dominarlo como ya había ocurrido con el perro y el caballo por ejemplo, poniéndolo al servicio de la tribu? Qué ¿para qué serviría?, como le preguntó
20 despreciativo el sacerdote. Oh, qué pregunta tan tonta, el fuego producía calor, irradiaba luz, transformaba la madera en ceniza con la que se podía pintar en las paredes, y así sucesivamente se manifestaba como el gran poder que necesitaban para dominar cuanto estaba al alcance de la vista. Con él serían como dioses, invencibles e inmortales, su poder se extendería irresistiblemente por el cielo y la Tierra, ¿no les parecía eso suficiente?

En cierto modo había resuelto una parte del problema
30 ya que una vez cuando ardió el monte azul, había conseguido recoger el divino fuego con ayuda de una tea seca y luego de otra y así sucesivamente hasta setenta

ajeno: de los otros □ **volvía a solicitar**: solicitaba de nuevo
lejano < lejos ≠ cerca
fuese < ser, pret. imperf. subj. ☑ **tan... como**: *aussi... que* □
cualquier otro: todos los otros □ **escupía**: arrojaba saliva □
volviéndole las espaldas: dando media vuelta □ **entonces**: en
aquellos momentos □ **se tumbaba**: se tendía □ **bóveda celeste**:
firmamento □ **se quedaba dormido**: acababa por dormirse □
despertaban: interrumpían el sueño □ **trueno**: *tonnerre* □
aunque: *bien que* □ **temor**: fuerte miedo, terror
tremenda: terrible □ **conmoción**: aquí, ruido y sacudimiento
nunca ≠ siempre
anunciadora: que anuncia
rayo: línea de luz en el cielo, relámpago □ **surcar**: trazar líneas
atronadora descarga: trueno violento
bosque: sitio poblado de árboles □ **hacia**: en dirección de
habría < haber, condicional: existiría
forma: manera □ **había ocurrido**: había pasado, se había
producido □ **poniéndolo** < poner

despreciativo: con desdén □ **tonta**: estúpida
calor ≠ frío □ **irradiaba**: difundía
madera: parte sólida del árbol □ **ceniza**: residuo de combustión □ **así**: de esa manera
poder: potencia □ **necesitaban**: les era necesario, indispensable
□ **cuanto**: todas las cosas □ **al alcance**: *à la portée* □ **serían** <
ser, condicional □ **dioses**: divinidades □ **invencibles**: siempre
victoriosos □ **irresistiblemente**: sin obstáculo

resuelto < resolver, part.
ya que: puesto que, dado que □ **una vez**: en una ocasión □
ardió: se incendió □ **conseguido**: podido □ **recoger**: capturar
□ **tea**: antorcha □ **luego**: después □ **hasta**: *jusqu'à*

veces siete teas empalmadas unas con otras que para
espanto de la tribu llevó dentro de la cueva lanzando
estentóreas carcajadas de triunfo. Pero en un descuido se
le murió el fuego a la vista de la tribu y no supo cómo
reavivarlo. Sopló sobre las apagadas teas igual que había
visto hacer al viento sobre el bosque, pero no tuvo
resultado alguno. Corrió al monte calcinado pero
tampoco encontró ayuda en los rescoldos que crepitaban
antes de morir.

10   Una vez se produjo un hecho que pasó inadvertido
para todos menos para él cual fue la caída sobre la roca
de un caballo que llevaba carga. De sus patas salieron
diminutas chispas de alguna forma semejantes a las que
acompañaban al fuego. Fue entonces cuando se dedicó a
rozar día y noche un palo contra otro sin concederse
descanso ni para comer siquiera, dominado como estaba
por una frenética convicción de haber acertado en el
camino. Fue una época angustiosa. Le expulsaron de la
cueva a patadas mofándose de él, le persiguieron por el
20 campo a pedradas. Se refugió en el hueco arriba en la
montaña entre dos rocas donde siguió rozando sus palos
incansable día y noche, probando sucesivamente todas
las combinaciones, utilizando la ayuda de piedras
semejantes a aquellas donde el caballo había caído.

Tras innumerables y fracasadas tentativas y cuando ya
estaba a punto de abandonar la empresa, un día
encontró sin buscar la respuesta. El manojo de hierba
seca que tenía a los pies se puso a humear primero y a
arder después mientras él descansaba exhausto. Como el
30 prodigio tenía que tener una explicación se puso afanoso
a buscarla. No podía ser otra que las propiedades
mágicas de una piedra transparente tan clara como el

empalmadas : reunidas

espanto : terror □ **llevó** : introdujo □ **dentro** : en el interior

estentóreas carcajadas : risas violentas y ruidosas □ **descuido** : falta de atención □ **murió** < morir □ **a la vista de** : frente a □ **supo** < saber □ **sopló** : expiró aire □ **apagadas** ≠ encendidas □ **igual que** : como □ **visto** < ver □ **tuvo** < tener

calcinado : atacado por el fuego

tampoco ≠ también □ **ayuda** : aquí, solución □ **rescoldos** : brasas

antes ≠ después

se produjo < producirse □ **un hecho** : algo □ **inadvertido** : sin que nadie se diera cuenta □ **menos** : excepto □ **cual** : que □ **fue** < ser □ **caída** < caer □ **salieron** < salir, pret. perf. simple

diminutas : pequeñas □ **chispas** : *étincelles* □ **semejantes** : similares □ **se dedicó a** : se ocupó en

rozar : frotar □ **palo** : trozo de madera □ **sin concederse** : sin atribuirse □ **descanso** : pausa □ **ni... siquiera** : *même pas*

acertado : encontrado, adivinado

angustiosa : llena de angustia, de miedo

patadas : golpes dados con el pie □ **mofándose** : burlándose

pedradas : con piedras □ **hueco** : excavación □ **arriba** ≠ abajo

siguió < seguir, pret. perf. simple : continuar

incansable : sin fatigarse □ **probando** : experimentando

ayuda : aquí, presencia

semejantes : iguales □ **a aquellas donde** : a las en que

tras : después de □ **fracasadas** : sin resultado

la empresa : aquí, todas sus tentativas

buscar : aquí, hacer esfuerzos □ **manojo** : *touffe*

se puso < ponerse : empezó □ **humear** : exhalar vapor o humo

arder : encenderse □ **mientras** : en el momento en que □ **descansaba** : no trabajaba □ **exhausto** : muy cansado, sin fuerza □ **se puso afanoso** : deseoso □ **buscarla** : encontrarla □ **otra** : otra explicación

agua del río que por casualidad había olvidado allí
encima de las hierbas. El talismán al ser traspasado por
el sol del mediodía en aquel día caluroso, había al fin
liberado su secreto como premio de las divinidades de la
bóveda celeste a su incesante búsqueda y sacrificio.

Con la piedra mágica en una mano y una enorme tea
portadora del fuego en la otra, hizo su entrada triunfal
en la cueva donde la penumbra se iluminó ante sus pies.
Convocó a la tribu en su refugio de lo alto del monte
10 donde a la vista de todos repitió el prodigio. Había
dominado el gran poder del cielo, era sin lugar a dudas
un sumo sacerdote ante el cual la tribu se postró
rogándole volviera con el fuego a la cueva. Él accedió.
Tomó mujer, fue elevado al supremo grado de hechicero,
paladeó la satisfacción indecible del éxito, de la
popularidad, del poder personal, tuvo a su cargo
cuantos hombres y mujeres necesitara para cuidar de la
fogata que ardía en el centro de la cueva día y noche,
cuya extinción se castigó con la muerte a los guardianes,
20 así como para seguir frotando piedras y más piedras y
de acumular cristales y más cristales, haciendo para ello
cuantas expediciones eran necesarias.

Aunque no era todavía viejo se había convertido en el
patriarca de la tribu que le veneraba como a su
benefactor. Por primera vez en su vida conoció la
felicidad. Sin embargo, al cabo de unas cuantas lunas
comenzaron a producirse ciertas tensiones, rumores y
sofocadas resistencias a su autoridad, que procedían del
antiguo sacerdote que no supo dominar la envidia, el
30 insoportable dolor por el bien ajeno desde su caída en
desgracia.

Cuando se incendió la cueva y perecieron en ella

casualidad: azar □ **olvidado**: dejado sin pensar en ella
encima: sobre ☒ **al ser traspasado**: cuando fue atravesado
mediodía: las doce del día □ **caluroso**: con mucho calor
liberado: revelado □ **premio**: recompensa □ **divinidades**: diosas
búsqueda: investigación

portadora del fuego: encendida □ **hizo** < hacer, pret. perf.
simple

a la vista de todos: delante de todos □ **repitió** < repetir
sin lugar a dudas: ciertamente
sumo: supremo □ **se postró**: se arrodilló
rogándole: pidiéndole □ **volviera** < volver; c. de t. □ **accedió**:
aceptó □ **tomó mujer**: se casó □ **hechicero**: *sorcier*
paladeó: saboreó □ **indecible**: que no se puede decir □ **éxito**:
resultado bueno □ **tuvo** < tener □ **a su cargo**: a su servicio
cuantos... necesitara: las personas indispensables □ **cuidar**:
poner atención □ **fogata**: fuego □ **ardía**: llameaba
se castigó: sancionó

cuantas... necesarias: todas las expediciones necesarias
aunque + indic.: *bien que* □ **convertido**: transformado
patriarca: anciano respetable; jefe de la tribu
benefactor: protector
felicidad ≠ desgracia □ **sin embargo**: no obstante □ **al cabo**:
después de □ **unas cuantas**: algunas
sofocadas: desagradables □ **procedían**: venían
supo < saber, 3a pers. sing., pret. perf. simple
ajeno: que pertenece a otro □ **caída** < caer

perecieron: murieron

algunas mujeres y niños que aguardaban el regreso de los cazadores, el antiguo hechicero azuzó astutamente a la tribu contra el autor de la catástrofe que no podía ser otro sino el supremo manipulador del fuego, su inventor y juez y guardián. Sólo él era el culpable pues sólo él seguía guardando el secreto de encenderlo. La tribu no sabía qué resolución tomar pues las mujeres pedían venganza pero los hombres no se atrevían a retar al amo del fuego. Pero cuando unas lunas más tarde la tribu de

10 la cueva más próxima les rodeó llevándose los ganados y prendiendo fuego a los pastos secos que rodeaban la entrada, se oyó la voz de ¡traición! y se alzaron contra quien había vendido el fuego a los enemigos. Cayeron sobre él inmovilizándole con gruesas fibras vegetales en un apartado rincón donde permaneció incomunicado hasta que se celebró la noche de plenilunio el gran consejo que le había de juzgar. Por unanimidad le encontraron culpable. Fue condenado a muerte pese a sus protestas de inocencia.

20   Al amanecer fue quemado. El fuego por él robado al cielo redujo sus vísceras a cenizas. Su nombre fue olvidado en el acto pues quienes lo repitieron fueron arrojados a las llamas.

aguardaban: esperaban vigilando
cazadores < caza □ **azuzó**: excitó □ **astutamente**: con astucia

juez: magistrado encargado de juzgar □ **pues**: ya que
seguía guardando: continuaba conservando
tomar: aquí, adoptar □ **pedían**: exigían
no se atrevían: no osaban □ **retar**: oponerse

próxima: cercana □ **rodeó**: *entoura* □ **llevándose los ganados**:
robando animales □ **prendiendo**: encendiendo □ **pastos**: prados
oyó < oír □ **la voz**: el grito □ **alzaron**: rebelaron
vendido < vender □ **cayeron** < caer, pret. perf. simple
gruesas: fuertes
apartado: aislado □ **permaneció incomunicado**: se quedó sin
poder comunicar □ **se celebró**: se verificó □ **plenilunio**: luna
llena □ **consejo**: asamblea □ **le había de**: tenía que
encontraron: aquí, declararon □ **pese a**: a pesar de
protestas: gritos
amanecer: cuando empieza el día □ **quemado**: *brûlé*
redujo < reducir □ **fue olvidado**: salió de las memorias
en el acto: inmediatamente □ **repitieron** < repetir, pret. perf.
simple □ **arrojados**: lanzados, precipitados

Grammaire

*Faites les exercices suivants inspirés des phrases du texte. Les chiffres entre
parenthèses renvoient à la* Grammaire active de l'espagnol *(Le Livre de Poche
n° 8582) : le premier est celui du chapitre, le second, en gras, celui de la page.*

I. PASSÉ SIMPLE (PRET. PERF. SIMPLE): FORMES IRRÉGULIÈRES (43, **187**)

*Mettez au passé simple et à la personne qui s'impose les verbes entre
parenthèses dans les phrases suivantes:*

El fuego (morir) de repente. / Aquella época (ser) un período difícil para
el inventor. / Los habitantes de la cueva le (perseguir) a pedradas por el
campo. / Una vez (producirse) un hecho muy importante para el inventor.
/ El inventor (seguir) rozando palitos unos contra otros. / El inventor
(hacer) su entrada triunfal en la cueva con el fuego. / El antiguo sacerdote
no (saber) dominar su envidia. / Una noche (oírse) la voz de ¡ traición ! /
Los miembros de la tribu nunca (repetir) el nombre del inventor.

II. SUPERLATIF (12, **56**)

    Exemple :   zonas / ancho
                   → Estas zonas son las más anchas.

*Comme dans l'exemple ci-dessus, rédigez des phrases contenant un superlatif
relatif à l'aide des éléments suivants (attention à l'accord en genre et en
nombre de l'adjectif) :*

machos / excitado	mujeres / admirativo
época / angustioso	sacerdote / envidioso
éxito / completo	dolores / insoportable.

III. AL + INFINITIF (53, **226**)

    Exemple :   Al descubrir el fuego, fue considerado como un hechicero.
               → **Cuando descubrió** el fuego, fue considerado como un
                   hechicero.

*Comme dans cet exemple, modifiez les phrases suivantes en introduisant
cuando:* Al traer el fuego, las mujeres le admiraron. / Al volver de caza,
los machos presentaron trofeos sanguinolentos. / Al probar todas las
combinaciones pudo encontrar el secreto del fuego. / Al conminarle, el
sacerdote tenía la voz grave. / Al examinar la naturaleza, el inventor
descubrió muchas cosas. / Al llegar a la cueva, los enemigos la incendiaron.

IV. COORDINATION (80, **331**)

    Exemples : día ...... noche → **día y noche**
             invencibles ...... inmortales → **invencibles e inmortales.**

*De la même façon que dans ces deux exemples, complétez les expressions
suivantes:* tremenda ...... inexplicable / innumerables ...... fracasados /
anchas ...... iluminadas / solitario ...... silencioso / padres ...... hijos /
mujeres ...... niños.

Julio Cortázar

La puerta condenada

Nació en Bruselas (Bélgica) en 1914. Su familia se refugió en Suiza durante la primera guerra mundial y regresó después a Argentina.

Cortázar cursó estudios en la Facultad de Filosofía y Letras de Buenos Aires; luego se dedicó a enseñar. Después, cursó la carrera de traductor en inglés y francés. Se fue a París y encontró un puesto de traductor en la UNESCO. Salió su libro *Final del juego* en 1956, de donde está sacado nuestro relato *La puerta condenada* que cuenta una misteriosa anécdota ocurrida a un no menos misterioso protagonista. Lo notable es que en esta novela corta, el autor consigue mantener el suspenso hasta la última palabra.

Julio Cortázar murió en París en 1984.

A Petrone le gustó el hotel Cervantes por razones que
hubieran desagradado a otros. Era un hotel sombrío,
tranquilo, casi desierto. Un conocido del momento se lo
recomendó cuando cruzaba el río en el vapor de la
carrera, diciéndole que estaba en la zona céntrica de
Montevideo. Petrone aceptó una habitación con baño en
el segundo piso, que daba directamente a la sala de
recepción. Por el tablero de llaves en la portería supo
que había poca gente en el hotel; las llaves estaban
10 unidas a unos pesados discos de bronce con el número
de la habitación, inocente recurso de la gerencia para
impedir que los clientes se las echaran al bolsillo.

El ascensor dejaba frente a la recepción, donde había
un mostrador con los diarios del día y el tablero
telefónico. Le bastaba caminar unos metros para llegar a
la habitación, el agua salía hirviendo, y eso compensaba
la falta de sol y de aire. En la habitación había una
pequeña ventana que daba a la azotea del cine contiguo;
a veces una paloma se paseaba por ahí. El cuarto de
20 baño tenía una ventana más grande, que se abría
tristemente a un muro y a un lejano pedazo de cielo,
casi inútil. Los muebles eran buenos, había cajones y
estantes de sobra. Y muchas perchas, cosa rara.

El gerente resultó ser un hombre alto y flaco,
completamente calvo. Usaba anteojos con armazón de
oro y hablaba con la voz fuerte y sonora de los
uruguayos. Le dijo a Petrone que el segundo piso era
muy tranquilo, y que en la única habitación contigua a
la suya vivía una señora sola, empleada en alguna parte,
30 que volvía al hotel a la caída de la noche. Petrone la
encontró al día siguiente en el ascensor. Se dio cuenta de
que era ella por el número de la llave que tenía en la

hubieran < haber, pret. imperf. subj., aquí, con valor de
condicional □ **desagradado** ≠ gustado □ **se lo recomendó**: lo
recomendó a Petrone □ **vapor**: aquí, barco de vapor

Montevideo: capital de Uruguay □ **habitación**: aquí, dormitorio

llaves: lo que permite abrir las puertas □ **portería**: lugar donde
vive el portero, que tiene las llaves □ **supo** < saber, pret. perf.
simple □ **pesados** ≠ ligeros
recurso: manera □ **gerencia**: dirección
echaran < echar, pret. imperf. subj., dejaran □ **bolsillo**: *poche*

mostrador: mesa □ **diarios**: periódicos
le bastaba: sólo necesitaba
hirviendo < hervir (modelo pedir), muy caliente
falta: ausencia
ventana: abertura en la pared que da luz □ **azotea**: terraza
a veces: algunas veces □ **paloma**: pájaro

lejano: distante □ **pedazo**: porción
cajones: cajas en un mueble en las que se ponen cosas
estantes: tablas horizontales en un mueble □ **de sobra**: en
cantidad suficiente □ **perchas**: lo que sirve para colgar vestidos
□ **resultó ser**: era □ **alto** ≠ bajo □ **flaco** ≠ gordo
calvo: sin pelo en la cabeza □ **usaba**: utilizaba □ **anteojos**:
gafas □ **armazón**: lo que permite sostener las gafas
contigua a: cerca de
la suya: su habitación
volvía: venía regularmente □ **a la caída de la noche**: al fin del
día □ **se dio cuenta de que** < darse cuenta de que, pret. perf.
simple, realizó que

palma de la mano, como si ofreciera una enorme moneda de oro. El portero tomó la llave y la de Petrone para colgarlas en el tablero y se quedó hablando con la mujer sobre unas cartas. Petrone tuvo tiempo de ver que era todavía joven, insignificante, y que se vestía mal como todas las orientales.

El contrato con los fabricantes de mosaicos llevaría más o menos una semana. Por la tarde Petrone acomodó la ropa en el armario, ordenó sus papeles en la 10 mesa, y después de bañarse salió a recorrer el centro mientras se hacía hora de ir al escritorio de los socios. El día se pasó en conversaciones, cortadas por un copetín en Pocitos y una cena en casa del socio principal. Cuando lo dejaron en el hotel era más de la una. Cansado, se acostó y se durmió en seguida. Al despertarse eran casi las nueve, y en esos primeros minutos en que todavía quedan las sobras de la noche y del sueño, pensó que en algún momento lo había fastidiado el llanto de una criatura.

20 Antes de salir charló con el empleado que atendía la recepción y que hablaba con acento alemán. Mientras se informaba sobre líneas de ómnibus y nombres de calles, miraba distraído la gran sala en cuyo extremo estaban las puertas de su habitación y la de la señora sola. Entre las dos puertas había un pedestal con una nefasta réplica de la Venus de Milo. Otra puerta, en la pared lateral, daba a una salita con los infaltables sillones y revistas. Cuando el empleado y Petrone callaban, el silencio del hotel parecía coagularse, caer como ceniza sobre los 30 muebles y las baldosas. El ascensor resultaba casi estrepitoso, y lo mismo el ruido de las hojas de un diario o el raspar de un fósforo.

la palma : el interior □ **como si** + pret. imperf. subj.
moneda : pieza □ **tomó** : cogió en sus manos □ **la de** : la llave
de □ **colgarlas** : suspenderlas
tuvo < tener, pret. perf. simple
todavía : aún
orientales : mujeres del este
llevaría : aquí, tardaría

la ropa : todos los vestidos
recorrer : pasear por
escritorio : lugar donde trabajan los notarios, por ejemplo □
socios : asociados □ **cortadas** : interrumpidas
un copetín : una copa de licor □ **cena** : comida de noche
la una : la una de la madrugada, de la mañana
cansado : fatigado □ **se acostó** : se fue a la cama □ **en seguida** :
inmediatamente □ **al despertarse** : cuando se despertó, cesó de
dormir □ **las sobras** : aquí, los recuerdos, los restos
en algún momento : en cierto momento
fastidiado : molestado □ **el llanto** : los gritos □ **una criatura** : un
niño pequeñito □ **salir** ≠ entrar □ **charló** : discutió □ **atendía** :
se ocupaba de la gran sala

la de : la puerta de
nefasta : aquí, mala
la pared : el muro
salita : sala pequeña (sufijo diminutivo -ita) □ **infaltables** :
inevitables □ **sillones** : muebles para sentarse □ **callaban** : no
hablaban □ **ceniza** : lo que queda, por ejemplo, de un cigarrillo
después de fumarlo □ **las baldosas** : ladrillos que recubren el
suelo □ **estrepitoso** ≠ silencioso □ **lo mismo** : también □ **hojas** :
feuilles □ **raspar** : ruido de un fósforo

Las conferencias terminaron al caer la noche y
Petrone dio una vuelta por 18 de Julio antes de entrar a
cenar en uno de los bodegones de la plaza Independen-
cia. Todo iba bien, y quizá pudiera volverse a Buenos
Aires antes de lo que pensaba. Compró un diario
argentino, un atado de cigarrillos negros, y caminó
despacio hasta el hotel. En el cine de al lado daban dos
películas que ya había visto, y en realidad no tenía ganas
de ir a ninguna parte. El gerente lo saludó al pasar y le
10 preguntó si necesitaba más ropa de cama. Charlaron un
momento, fumando un pitillo, y se despidieron.

Antes de acostarse Petrone puso en orden los papeles
que había usado durante el día, y leyó el diario sin
mucho interés. El silencio del hotel era casi excesivo, y el
ruido de uno que otro tranvía que bajaba por la calle
Soriano no hacía más que pausarlo, fortalecerlo para un
nuevo intervalo. Sin inquietud pero con alguna impa-
ciencia, tiró el diario al canasto y se desvistió mientras
se miraba distraído en el espejo del armario. Era un
20 armario ya viejo, y lo habían adosado a una puerta que
daba a la habitación contigua. A Petrone le sorprendió
descubrir la puerta que se le había escapado en su
primera inspección del cuarto. Al principio había
supuesto que el edificio estaba destinado a hotel, pero
ahora se daba cuenta de que pasaba lo que en tantos
hoteles modestos, instalados en antiguas casas de
escritorios o de familia. Pensándolo bien, en casi todos
los hoteles que había conocido en su vida —y eran
muchos— las habitaciones tenían alguna puerta conde-
30 nada, a veces a la vista pero casi siempre con un ropero,
una mesa o un perchero delante, que como en este caso
les daba una cierta ambigüedad, un avergonzado deseo

al caer: mientras caía
dio una vuelta: paseó
los bodegones: las tabernas
quizá: era posible que (+ pret. imperf. subj.) □ **pudiera** <
poder □ **Buenos Aires**: capital de Argentina
atado: aquí, paquete
despacio: lentamente □ **de al lado**: de esta parte
visto < ver, part. □ **tenía ganas de**: quería

ropa de cama: lo necesario para la cama
pitillo: cigarrillo □ **se despidieron** < despedirse: se dijeron
adiós □ **puso** < poner, pret. perf. simple
leyó < leer, pret. perf. simple

no hacía más que pausarlo: sólo lo interrumpía □ **fortalecerlo**:
darle fuerza, valor □ **alguna**: cierta
tiró: dejó, echó □ **canasto**: lugar donde se tiran los papeles □
se desvistió (modelo pedir): se quitó los vestidos □ **espejo**: lo
que sirve para mirarse

se le había escapado: aquí, no había visto

supuesto < suponer, part.
lo que: lo que pasa
antiguas ≠ recientes

condenada: siempre cerrada, inútil
ropero: armario
perchero: armario donde se ponen los vestidos
avergonzado ≠ orgulloso □ **deseo**: voluntad

de disimular su existencia como una mujer que cree
taparse poniéndose las manos en el vientre o los senos.
La puerta estaba ahí, de todos modos, sobresaliendo del
nivel del armario. Alguna vez la gente había entrado y
salido por ella, golpeándola, entornándola, dándole una
vida que todavía estaba presente en su madera tan
distinta de las paredes. Petrone imaginó que del otro
lado habría también un ropero y que la señora de la
habitación pensaría lo mismo de la puerta.

10   No estaba cansado pero se durmió con gusto. Llevaría
tres o cuatro horas cuando lo despertó una sensación de
incomodidad, como si algo ya hubiera ocurrido, algo
molesto e irritante. Encendió el velador, vio que eran las
dos y media, y apagó otra vez. Entonces oyó en la pieza
de al lado el llanto de un niño.

En el primer momento no se dio cuenta. Su primer
movimiento fue de satisfacción, entonces era cierto que
la noche antes un chico no lo había dejado descansar.
Todo explicado, era más fácil volver a dormirse. Pero
20 después pensó en lo otro y se sentó lentamente en la
cama, sin encender la luz, escuchando. No se engañaba,
el llanto venía de la pieza de al lado. El sonido se oía a
través de la puerta condenada, se localizaba en ese
sector de la habitación al que correspondían los pies de
la cama. Pero no podía ser que en la pieza de al lado
hubiera un niño; el gerente había dicho claramente que
la señora vivía sola, que pasaba casi todo el día en su
empleo. Por un segundo se le ocurrió a Petrone que tal
vez esa noche estuviera cuidando al niño de alguna
30 parienta o amiga. Pensó en la noche anterior. Ahora
estaba seguro de que ya había oído el llanto, porque no
era un llanto fácil de confundir, más bien una serie

taparse : disimularse
de todos modos : de todas maneras □ **sobresaliendo :** *dépassant*

golpeándola : agitándola □ **entornándola :** dejándola parcialmente cerrada □ **madera :** calidad de la puerta
distinta : diferente
habría < haber, condicional perf.: había seguramente (valor hipotético)
gusto : placer, alegría □ **llevaría :** aquí, hacía seguramente

ocurrido : pasado
molesto : desagradable

de al lado : contigua

cierto : evidente
descansar : aquí, dormir
volver a dormirse : dormirse de nuevo
lo otro : la otra cosa
no se engañaba : tenía razón
sonido : ruido

no podía ser : era imposible

empleo : lugar de trabajo □ **se le ocurrió :** le vino (< venir) la idea □ **tal vez :** posiblemente (+ pret. subj.) □ **cuidando al :** ocupándose de
ya : antes
más bien : aquí, sino

irregular de gemidos muy débiles, de hipos quejosos
seguidos de un lloriqueo momentáneo, todo ello incons-
ciente, mínimo, como si el niño estuviera muy enfermo.
Debía ser una criatura de pocos meses aunque no
llorara con la estridencia y los repentinos cloqueos y
ahogos de un recién nacido. Petrone imaginó a un niño
—un varón, no sabía por qué— débil y enfermo, de cara
consumida y movimientos apagados. *Eso* se quejaba en
la noche, llorando pudoroso, sin llamar demasiado la
10 atención. De no estar allí la puerta condenada, el llanto
no hubiera vencido las fuertes espaldas de la pared,
nadie hubiera sabido que en la pieza de al lado estaba
llorando un niño.

Por la mañana Petrone lo pensó un rato mientras
tomaba el desayuno y fumaba un cigarrillo. Dormir mal
no le convenía para su trabajo del día. Dos veces se
había despertado en plena noche, y las dos veces a causa
del llanto. La segunda vez fue peor, porque a más del
20 llanto se oía la voz de la mujer que trataba de calmar al
niño. La voz era muy baja pero tenía un tono ansioso
que le daba una calidad teatral, un susurro que
atravesaba la puerta con tanta fuerza como si hablara a
gritos. El niño cedía por momentos al arrullo, a las
instancias ; después volvía a empezar con un leve quejido
entrecortado, una inconsolable congoja. Y de nuevo la
mujer murmuraba palabras incomprensibles, el encantamiento de la madre para acallar al hijo atormentado por
su cuerpo o su alma, por estar vivo o amenazado de
30 muerte.

« Todo es muy bonito, pero el gerente me macaneó »,
pensaba Petrone al salir de su cuarto. Lo fastidiaba la

gemidos: pequeños gritos □ **débiles** ≠ fuertes □ **hipos**: *hoquets*
□ **quejosos**: lamentosos □ **lloriqueo**: pequeño llanto □ **todo
ello**: todo lo descrito

aunque: y sin embargo, pero

repentinos: bruscos □ **cloqueos**: ruidos de las criaturas

ahogos: dificultades para respirar □ **un recién nacido**: una
criatura □ **un varón** ≠ una niña

consumida: aquí, delgada □ **apagados**: sin vida □ **eso**: esa cosa
□ **se quejaba**: gemía □ **pudoroso**: con pudor □ **demasiado**:
exageradamente □ **llamar la atención**: molestar, hacerse oír □
de no estar: si no hubiera estado □ **no hubiera vencido**: no se
hubiera oído a través de □ **espaldas**: aquí, la parte atrás

rato: momento
desayuno: comida de la mañana

peor ≠ mejor □ **a más**: además
trataba de: hacía esfuerzos por
ansioso: preocupado
susurro: murmullo

cedía: se dejaba calmar □ **arrullo**: consuelo
instancias: solicitaciones □ **volvía a empezar**: empezaba de
nuevo □ **leve**: débil □ **congoja**: angustia

acallar: calmar □ **atormentado**: molestado
por estar: porque estaba

macaneó: contó mentiras
fastidiaba: molestaba

mentira y no lo disimuló. El gerente se quedó
mirándolo.

—¿Un chico? Usted se habrá confundido. No hay
chicos pequeños en este piso. Al lado de su pieza vive
una señora sola, creo que ya se lo dije.

Petrone vaciló antes de hablar. O el otro mentía
estúpidamente, o la acústica del hotel le jugaba una
mala pasada. El gerente lo estaba mirando un poco de
soslayo, como si a su vez lo irritara la protesta. «A lo
10 mejor me cree tímido y que ando buscando un pretexto
para mandarme mudar», pensó. Era difícil, vagamente
absurdo insistir frente a una negativa tan rotunda. Se
encogió de hombros y pidió el diario.

—Habré soñado —dijo, molesto por tener que decir
eso, o cualquier otra cosa.

El cabaret era de un aburrimiento mortal y sus dos
anfitriones no parecían demasiado entusiastas, de modo
que a Petrone le resultó fácil alegar el cansancio del día
20 y hacerse llevar al hotel. Quedaron en firmar los
contratos al otro día por la tarde; el negocio estaba
prácticamente terminado.

El silencio en la recepción del hotel era tan grande
que Petrone se descubrió a sí mismo andando en
puntillas. Le habían dejado un diario de la tarde al lado
de la cama; había también una carta de Buenos Aires.
Reconoció la letra de su mujer.

Antes de acostarse estuvo mirando el armario y la
parte sobresaliente de la puerta. Tal vez si pusiera sus
30 dos valijas sobre el armario, bloqueando la puerta, los
ruidos de la pieza de al lado disminuirían. Como
siempre a esa hora, no se oía nada. El hotel dormía, las

se habrá confundido: seguramente ha hecho un error (valor hipotético) □ **piso**: división horizontal de un edificio □ **su**: de usted □ **dije** < decir, 1a pers. sing., pret. perf. simple
vaciló: no habló en seguida
le jugaba una mala pasada: se reía de él

de soslayo: oblicuamente □ **a su vez**: a él también
a lo mejor: tal vez □ **y que**: y cree que □ **ando**: aquí, estoy
mandarme mudar: obligarme a cambiar de hotel
rotunda: clara, evidente
se encogió de hombros: actitud de indeferencia
habré soñado: seguramente he soñado
cualquier otra cosa: otra cosa como ésta

aburrimiento ≠ interés
anfitriones: compañeros
resultó: fue □ **alegar**: pretextar □ **cansancio**: fatiga
quedaron en: decidieron □ **firmar**: escribir su nombre abajo de
□ **al otro día**: el día siguiente

en puntillas: sobre la punta de los pies

letra: manera de escribir
estuvo < estar, pret. perf. simple

cosas y las gentes dormían. Pero a Petrone, ya
malhumorado, se le ocurrió que era al revés y que todo
estaba despierto, anhelosamente despierto en el centro
del silencio. Su ansiedad inconfesada debía estarse
comunicando a la casa, a las gentes de la casa,
prestándoles una calidad de acecho, de vigilancia
agazapada. Montones de pavadas.

Casi no lo tomó en serio cuando el llanto del niño lo
trajo de vuelta a las tres de la mañana. Sentándose en la
10 cama se preguntó si lo mejor sería llamar al sereno para
tener un testigo de que en esa pieza no se podía dormir.
El niño lloraba tan débilmente que por momentos no se
lo escuchaba, aunque Petrone sentía que el llanto estaba
ahí, continuo, y que no tardaría en crecer otra vez.
Pasaban diez o veinte lentísimos segundos; entonces
llegaba un hipo breve, un quejido apenas perceptible que
se prolongaba dulcemente hasta quebrarse en el verdadero llanto.

Encendiendo un cigarrillo, se preguntó si no debería
20 dar unos golpes discretos en la pared para que la mujer
hiciera callar al chico. Recién cuando los pensó a los
dos, a la mujer y al chico, se dio cuenta de que no creía
en ellos, de que absurdamente no creía que el gerente le
hubiera mentido. Ahora se oía la voz de la mujer,
tapando por completo el llanto del niño con su
arrebatado —aunque tan discreto— consuelo. La mujer
estaba arrullando al niño, consolándolo, y Petrone se la
imaginó sentada al pie de la cama, moviendo la cuna del
niño o teniéndolo en brazos. Pero por más que lo
30 quisiera no conseguía imaginar al niño, como si la
afirmación del hotelero fuese más cierta que esa realidad
que estaba escuchando. Poco a poco, a medida que

malhumorado: de mal humor □ **al revés**: lo contrario
despierto ≠ dormido □ **anhelosamente**: con angustia
inconfesada: que no quería confesarse, reconocer

acecho: vigilancia
agazapada: disimulada □ **montones de pavadas**: sólo tonterías,
estupideces □ **no lo tomó en serio**: no lo creyó
trajo < traer, pret. perf. simple
lo mejor: la mejor solución □ **sereno**: hombre que vigila de
noche □ **testigo**: alguien que asiste a algo y puede probarlo

escuchaba: aquí, oía □ **aunque**: pero
crecer: hacerse más fuerte
lentísimos: muy lentos (sufijo superlativo -ísimo)

quebrarse: cesar y confundirse

hiciera < hacer, pret. imperf. subj. □ **recién**: justo □ **pensó**:
aquí, imaginó

tapando: disimulando □ **por completo**: completamente
arrebatado: irritado

cuna: camita para las criaturas
por más que lo quisiera: aunque lo quería
no conseguía: no podía

a medida que: mientras

pasaba el tiempo y los débiles quejidos se alternaban o crecían entre los murmullos de consuelo, Petrone empezó a sospechar que aquello era una farsa, un juego ridículo y monstruoso que no alcanzaba a explicarse. Pensó en viejos relatos de mujeres sin hijos, organizando en secreto un culto de muñecas, una inventada materni- dad a escondidas, mil veces peor que los mimos a perros o gatos o sobrinos. La mujer estaba imitando el llanto de su hijo frustrado, consolando el aire entre sus manos
10 vacías, tal vez con la cara mojada de lágrimas porque el llanto que fingía era a la vez su verdadero llanto, su grotesco dolor en la soledad de una pieza de hotel, protegida por la indiferencia y por la madrugada.

Encendiendo el velador, incapaz de volver a dormirse, Petrone se preguntó qué iba a hacer. Su malhumor era maligno, se contagiaba de ese ambiente donde de repente todo se le antojaba trucado, hueco, falso; el silencio, el llanto, el arrullo, lo único real de esa hora entre noche y día y que lo engañaba con su mentira
20 insoportable. Golpear en la pared le pareció demasiado poco. No estaba completamente despierto aunque le hubiera sido imposible dormirse; sin saber bien cómo, se encontró moviendo poco a poco el armario hasta dejar al descubierto la puerta polvorienta y sucia. En pijama y descalzo, se pegó a ella como un ciempiés, y acercando la boca a las tablas de pino empezó a imitar en falsete, imperceptiblemente, un quejido como el que venía del otro lado. Subió de tono, gimió, sollozó. Del otro lado se hizo un silencio que habría de durar toda la
30 noche; pero en el instante que lo precedió, Petrone pudo oír que la mujer corría por la habitación con un chicotear de pantuflas, lanzando un grito seco e

sospechar: presumir □ **aquello**: todo lo que pasaba
no alcanzaba a: no podía
relatos: historias
muñecas: figuras de niñas que sirven de juguetes
a escondidas: clandestina □ **los mimos**: *les caresses* □ **perros o gatos**: animales domésticos □ **sobrinos**: hijos de los hermanos

vacías: sin nada dentro □ **mojada**: húmeda □ **lágrimas**: lo que sale de los ojos al llorar □ **fingía**: simulaba, imitaba □ **a la vez**: al mismo tiempo □ **soledad** < solo
la madrugada: la mañana muy temprano

maligno: casi incurable, como una enfermedad □ **se contagiaba**: aquí, sufría las consecuencias □ **de repente**: bruscamente □ **se le antojaba**: le parecía □ **hueco**: vacío, sin consistencia
lo engañaba: lo traicionaba, le mentía
golpear: tocar con ruido

moviendo: agitando
al descubierto: aquí, sin armario delante □ **polvorienta**: cubierta de polvo, conjunto de pequeñas partículas □ **sucia** ≠ limpia, recién lavada □ **descalzo**: sin nada en los pies □ **se pegó**: juntó todo su cuerpo □ **ciempiés**: insecto con muchas patas □ **las tablas**: las piezas □ **en falsete**: con voz aguda □ **subió de tono**: se quejó más fuerte □ **sollozó**: lloró □ **habría de durar**: duraría

chicotear: ruido seco

instantáneo, un comienzo de alarido que se cortó de golpe como una cuerda tensa.

Cuando pasó por el mostrador de la gerencia eran más de las diez. Entre sueños, después de las ocho, había oído la voz del empleado y la de una mujer. Alguien había andado en la pieza de al lado moviendo cosas. Vio un baúl y dos grandes valijas cerca del ascensor. El gerente tenía un aire que a Petrone se le
10 antojó de desconcierto.

—¿Durmió bien anoche? —le preguntó con el tono profesional que apenas disimulaba la indiferencia.

Petrone se encogió de hombros. No quería insistir, cuando apenas le quedaba por pasar otra noche en el hotel.

—De todas maneras ahora va a estar más tranquilo —dijo el gerente, mirando las valijas—. La señora se nos va a mediodía.

Esperaba un comentario, y Petrone lo ayudó con los
20 ojos.

—Llevaba aquí mucho tiempo, y se va así de golpe. Nunca se sabe con las mujeres.

—No —dijo Petrone—. Nunca se sabe.

En la calle se sintió mareado, con un mareo que no era físico. Tragando un café amargo empezó a darle vueltas al asunto, olvidándose del negocio, indiferente al espléndido sol. Él tenía la culpa de que esa mujer se fuera del hotel, enloquecida de miedo, de vergüenza o de rabia. *Llevaba aquí mucho tiempo...* Era una enferma, tal
30 vez, pero inofensiva. No era ella sino él quien hubiera debido irse del Cervantes. Tenía el deber de hablarle, de excusarse y pedirle que se quedara, jurándole discreción.

alarido : grito doloroso □ **se cortó** : se interrumpió □ **de golpe** : de repente □ **tensa** : tendida

baúl : maleta grande

desconcierto : sorpresa enorme
durmió : durmió usted □ **anoche** : la noche pasada

cuando : aquí, dado que

se nos va : nos deja
mediodía : las doce, la mitad del día
lo ayudó : aquí, se lo hizo

llevaba aquí mucho tiempo : hacía mucho tiempo que ella estaba aquí

se sintió (modelo pedir) < **sentirse** □ **mareado** : mal, aturdido
tragando : bebiendo □ **amargo** : sin azúcar □ **darle vueltas al asunto** : pensar en lo que había pasado
tenía la culpa : era culpable
se fuera < irse, pret. imperf. subj. □ **enloquecida de miedo** : aterrorizada, llena de terror □ **vergüenza** : confusión, embarazo
□ **rabia** : cólera

Dio unos pasos de vuelta y a mitad del camino se paró. Tenía miedo de hacer un papelón, de que la mujer reaccionara de alguna manera insospechada. Ya era hora de encontrarse con los dos socios y no quería tenerlos esperando. Bueno, que se embromara. No era más que una histérica, ya encontraría otro hotel donde cuidar a su hijo imaginario.

Pero a la noche volvió a sentirse mal, y el silencio de
10 la habitación le pareció todavía más espeso. Al entrar al hotel no había podido dejar de ver el tablero de las llaves, donde faltaba ya la de la pieza de al lado. Cambió unas palabras con el empleado, que esperaba bostezando la hora de irse, y entró en su pieza con poca esperanza de poder dormir. Tenía los diarios de la tarde y una novela policial. Se entretuvo arreglando sus valijas, ordenando sus papeles. Hacía calor, y abrió de par en par la pequeña ventana. La cama estaba bien tendida, pero la encontró incómoda y dura. Por fin tenía
20 todo el silencio necesario para dormir a pierna suelta, y le pesaba. Dando vueltas y vueltas, se sintió como vencido por ese silencio que había reclamado con astucia y que le devolvían entero y vengativo. Irónicamente pensó que extrañaba el llanto del niño, que esa calma perfecta no le bastaba para dormir y todavía menos para estar despierto. Extrañaba el llanto del niño, y cuando mucho más tarde lo oyó, débil pero inconfundible a través de la puerta condenada, por encima del miedo, por encima de la fuga en plena noche supo que
30 estaba bien y que la mujer no había mentido, no se había mentido al arrullar al niño, al querer que el niño se callara para que ellos pudieran dormirse.

dio < dar, pret. perf. simple, aquí, hizo □ **de vuelta** : atrás, para volver al hotel □ **se paró** : cesó de andar □ **hacer un papelón** : mostrarse ridículo □ **insospechada** : imprevisible

encontrarse : reunirse □ **tenerlos esperando** : hacerlos esperar

que se embromara : que no se lo tomara en serio (imperativo traducido por un subj.)

dejar de : abstenerse de

faltaba : no estaba □ **la de** : la llave de

cambió unas palabras : charló, discutió

bostezando : abriendo la boca a causa del sueño o del aburrimiento

una novela : obra literaria □ **se entretuvo** < entretenerse, pret. perf. simple, pasó el tiempo □ **arreglando** : poniendo en orden □ **de par en par** : completamente

a pierna suelta : totalmente despreocupado

le pesaba : le causaba molestia □ **dando vueltas** : agitándose en la cama □ **vencido** : molestado

devolvían : daban después de cogérselo □ **vengativo** : lleno de rencor □ **extrañaba** : sentía nostalgia por

bastaba : era suficiente

por encima del : aquí, más fuerte que él

supo < saber, pret. perf. simple

estaba bien : no estaba enfermo

se callara : hiciera silencio □ **pudieran** < poder, pret. imperf. subj.

Grammaire

Faites les exercices suivants inspirés des phrases du texte. Les chiffres entre parenthèses renvoient à la Grammaire active de l'espagnol *(Le Livre de Poche n° 8582) : le premier est celui du chapitre, le second, en gras, celui de la page.*

I. ENCLISE (38, **166**)

　　Exemple : Estaba hablando **a su vecina**. → Estaba hablándole.
Comme dans cet exemple, remplacez l'expression en italique par un pronom personnel en faisant l'enclise : Petrone quedó una hora alisando *su ropa.* / Ella quería consolar *a su criatura.* / Usted debería dar su ropa *al portero.* / Estuvo escuchando *a su niño y a su madre* toda la noche.

II. EMPLOI DU SUBJONCTIF (49, **206**)

　　Exemple : 　El hombre no quiere que el niño (llorar) ....
　　　　　　　→ El hombre no quiere que el niño **llore toda la noche.**
À votre tour, conjuguez au subjonctif présent les verbes entre parenthèses et inventez une suite logique à ces phrases : Usted tiene que impedirle que (hacer) .... / El cliente no cree que la mujer (estar) .... / Tiene miedo a que ella (reaccionar) .... / Quizás él (imaginarse) ....

III. PRONOM RELATIF "DONT" : CUYO, -A, -OS, -AS (69, **290**)

　　Exemple : 　Es un libro .... autor es argentino.
　　　　　　　→ Es un libro **cuyo** autor es argentino.
Complétez de la même manière les phrases suivantes : Le gustan los hoteles .... habitaciones son limpias. / Se trata de un relato .... ambiente me parece misterioso. / Había allí un armario .... puerta estaba condenada. / Era un dormitorio en .... extremos habían dos puertas.

IV. NÉGATION RESTRICTIVE : NO...MÁS QUE (79, **328**)

　　Exemple : 　¿ Hay muchas habitaciones en el hotel ?
　　　　　　　→ No, **no** hay **más que** ocho.
Répondez aux questions suivantes en utilisant la négation restrictive no... más que : ¿ Su cuarto tiene dos camas ? / ¿ Tiene Petrone cinco socios ? / ¿ Recibió tres cartas de su mujer ? / ¿ Se quedó un mes en la ciudad ?

V. AUNQUE (78, **322**)

　　Exemple : 　Aunque el niño (llorar) mucho, él no se quejaba.
　　　　　　　→ Aunque el niño **lloraba** mucho, él no se quejaba.
En vous inspirant de l'exemple qui vous est donné, conjuguez les verbes entre parenthèses des phrases suivantes au mode convenable : Aunque el portero (saber) la verdad, no le dijo nada al cliente. / Decidió cambiar de dormitorio aunque ella (irse) del hotel. / Aunque (sentirse) fastidiado, no quería enfadarse con su vecina. / Aunque no le (gustar) el espectáculo, se quedó con sus socios.

Horacio Quiroga

Estefanía

Nació en Uruguay en 1878. Su padre era cónsul argentino y murió accidentalmente a los seis meses de nacer Horacio. Ésta será la primera de las tragedias que marcarán su vida, tragedias en las que la muerte será una constante.

Enseñó en la Escuela Normal de Buenos Aires. Escribió varios libros de relatos tales como *El crimen del otro* (1904) o *El Salvaje* (1920), volumen de quince relatos entre los cuales figura *Estefanía* que evoca el trágico destino de dos seres rodeados por la muerte.

Después de la muerte de su mujer, todo el cariño del señor Muller se concentró en su hija. Las noches de los primeros meses, quedábase sentado en el comedor, mirándola jugar por el suelo. Seguía todos los movimientos de la criatura que parloteaba con sus juguetes, con una pensativa sonrisa llena de recuerdos que concluía siempre por llenarse de lágrimas. Más tarde su pena, dulcificándose, dejóle entregado de lleno a la feliz adoración de su hija, con extremos íntimos de madre.
10 Vivía pobremente, feliz en su humilde alegría. Parecía que no hubiera chocado jamás con la vida, deslizando entre sus intersticios su suave existencia. Caminaba doblado hacia adelante, sonriendo tímidamente. Su cara lampiña y rosada, en esa senectud inocente, hacía volver la cabeza.

La criatura creció. Su carácter apasionado llenaba a su padre de orgullo, aun sufriendo sus excesos; y bajo las bruscas contestaciones de su hija que lo herían despiadadamente, la admiraba, a pesar de todo, por ser
20 hija suya y tan distinta de él.

Pero la criatura tuvo un día dieciséis años, y concluyendo de comer, una noche de invierno, se sentó en las rodillas de su padre y le dijo entre besos que quería mucho, mucho a su papá, pero que también lo quería mucho a *él*. El señor Muller consintió en todo; ¿qué iba a hacer? Su Estefanía no era para él, bien lo sabía; pero ella lo quería siempre, no la perdería del todo. Aún sintió, olvidándose de sí mismo, paternal alegría por la felicidad de su hija; pero tan melancólica
30 que bajó la cabeza para ocultar los ojos.

Pasó desde entonces en el comedor las horas de visita. Se paseaba silencioso de un extremo a otro, mientras al

después de ≠ antes de □ **cariño** : amor

quedábase : él se quedaba □ **comedor** : parte de la casa donde se come □ **suelo** : superficie inferior de la casa
parloteaba : hablaba
pensativa < pensar □ **sonrisa** : expresión de la cara que traduce aquí la ternura y la nostalgia □ **llenarse** : inundarse de lágrimas : gotas de líquido que salen de los ojos al llorar □
dulcificándose : haciéndose más dulce □ **dejóle** : le dejó □
entregado : dedicado □ **feliz** ≠ triste □ **extremos** : exageraciones □ **alegría** : contento □ **chocado** : aquí, tenido problemas □
deslizando : pasando □ **suave** : tranquila □ **caminaba** : andaba
doblado : con el cuerpo inclinado □ **cara** : rostro
lampiña : sin barba □ **senectud** ≠ juventud

criatura : niña pequeña □ **creció** : se hizo mayor
aun sufriendo : aunque sufría, soportaba
contestaciones : discusiones □ **lo herían** : le causaban dolor
despiadadamente : sin complacencia, sin compasión □ **a pesar de todo** : sin embargo □ **por ser** : porque era □ **distinta** : diferente
concluyendo : terminando □ **se sentó** < sentarse, pret. perf. simple : levantarse □ **rodillas** : *genoux*
quería : amaba
consintió < consentir (modelo pedir) □ **él** : otro hombre

no la perdería : él no la perdería □ **del todo** : totalmente
sintió < sentir □ **olvidándose... mismo** : sin pensar egoístamente en sí mismo □ **alegría** ≠ tristeza
bajó : inclinó □ **ocultar** : disimular

mientras : durante el tiempo que □ **al lado** : a proximidad

lado los novios reían a carcajadas. Una noche la despedida de éstos fue violenta. Al día siguiente el señor Muller, al volver a casa, halló a su hija llorando. Acercóse a ella, lleno a su vez de una suma de mudos dolores acumulados, pero la joven se desasió malhumorada.

La noche fue triste. El señor Muller miraba angustiado el reloj a cada momento. Dieron las diez.

—¿No viene más? —aventuró apenas.

10 —No — respondió la joven secamente.

Pasó un momento.

—¡Por favor, papá! —prorrumpió la joven adelantándose a nuevas preguntas.

Se fue a su cuarto, cerró la puerta con violencia y el señor Muller la oyó en seguida llorar a sollozos.

En los días siguientes la desesperación agresiva de la joven cayó entera sobre su padre; pero éste ni ante las mayores injusticias dudaba del cariño de su hija, y esta grande felicidad le hacía sonreír de dicha, aun secándose

20 las lágrimas.

No obstante, todo pasó, a pesar del vestido negro con que la apasionada joven enlutó dos meses su primer amor. Pronto volvieron las locas ternuras con su padre, dueño otra vez del cariño de su hija. De noche, siempre que podía, la llevaba al teatro. Durante la función, en los pasajes jocosos, permanecía con el rostro vuelto a ella, feliz de la alegría de su criatura.

Al año siguiente el corazón todo fuego de la joven ardió en un nuevo amor. Sus inmensos ojos negros

30 resplandecían de abrasada dicha. Una mañana la joven recibió una carta, una simple carta de ruptura. El día fue tan amargo para ella, que el señor Muller se quedó

novios: enamorados □ **a carcajadas**: muy fuerte

la despedida: el momento de separarse

al volver: cuando volvió □ **halló**: encontró

acercóse: se acercó, se aproximó □ **a su vez**: él también □

suma: cantidad □ **mudos**: silenciosos □ **se desasió**: se fue, se marchó

angustiado: preocupado

el reloj: instrumento que da la hora □ **dieron**: el reloj marcó

aventuró apenas: dijo tímidamente

prorrumpió: dijo impetuosamente

adelantándose: previendo (< prever)

cuarto: dormitorio □ **cerró** ≠ abrió

en seguida: inmediatamente □ **a sollozos**: muy fuerte

desesperación ≠ esperanza

cayó: se concentró □ **ante**: frente a

mayores: más grandes □ **cariño**: amor

dicha: felicidad, gran alegría □ **aun secándose las lágrimas**: incluso cuando lloraba

no obstante: sin embargo □ **a pesar de** ≠ gracias a

enlutó: llevó vestido negros en señal de muerte

pronto: rápidamente □ **ternuras**: pruebas de cariño

dueño ≠ esclavo □ **siempre que**: cada vez que

función: representación

jocosos: cómicos □ **permanecía**: quedaba □ **el rostro**: la cara

vuelto: hacia

corazón: centro de los sentimientos, de los amores □ **todo**

fuego: apasionado □ **ardió**: se abrasó, se apasionó

resplandecían: brillaban □ **abrasada dicha**: felicidad intensa

amargo: triste, doloroso □ **se quedó**: permaneció

en casa, aun sobrellevando sobre su extenuada dicha paternal las injusticias de su hija. Al caer la tarde, Estefanía se acostó. No hacía un movimiento, tenía el ceño ligeramente fruncido y los ojos fijos en el techo, sin pestañear. El señor Muller, que había entrado tímidamente y se había sentado a su lado, la miraba tristemente. ¿Qué iba a soportar su hija?

Ya de noche todo se resolvió en crisis nerviosa y quedó rendida. A las diez llamó a su padre.

10 —¡Papá! —le dijo sentándose en la cama, con la mirada encendida—. ¿Tendrías mucha pena si me muriera?

Pero se echó a reír con esfuerzo. Quedó muda, la boca apretada.

—¡Papá!

—¡Mi hija!...

—¿Qué edad tengo?

Los ojos del señor Muller se llenaron de lágrimas.

—¡No, no sé más ya! —insistió la joven—. ¿Qué
20 edad tengo?

—Dieciocho años.

—Dieciocho... Dieciocho... —quedóse murmurando.

—¿Cuánto tiempo hace que murió mamá?

—Mi hija...

—¿Cuánto tiempo hace que murió mamá?

—Dieciséis años.

—Murió muy joven, ¿no?

—Muy joven...

—Cierto ; mamá...

30 De pronto se echó a reír a grandes carcajadas, la cabeza hacia atrás y llevándose la mano derecha a la

sobrellevando: soportando □ **extenuada**: cansada, muy fatigada
al caer: al fin de
se acostó: se fue a la cama
el ceño: la cara, la expresión □ **fruncido**: gesto que traduce la insatisfacción □ **fijos**: inmóviles □ **techo**: parte superior de una habitación □ **sin pestañear**: sin mover los ojos, con atención, con concentración
se resolvió: se acabó
rendida: muy fatigada □ **a las diez**: a las diez de la noche

encendida: muy viva □ **tendrías** < tener, condicional
me muriera < morirse, pret. imperf. subj.
se echó: comenzó □ **con esfuerzo** = con dificultad
apretada: aquí, cerrada

¿qué edad tengo?: ¿cuántos años tengo?
lágrimas: líquido que sale de los ojos al llorar
no sé más ya: no me acuerdo, he olvidado

cierto: claro, evidentemente
de pronto: bruscamente
atrás ≠ adelante □ **llevándose**: poniéndose

garganta. Al fin se contuvo, deglutiendo con dificultad.

—¡Tengo sueño, papá! —exclamó de pronto corriéndose entre las sábanas hasta la frente. El señor Muller,
henchido de pena y compasión, continuaba mirándola.
Al fin murmuró:

—¿No estás enferma, hija mía?

—No, tengo sueño —respondió ella secamente sin
volver la cabeza. Y cuando su padre, sin decir nada, se
10 incorporaba, Estefanía le echó de un salto los brazos
desnudos al cuello y lloró desesperadamente.

El señor Muller se retiró a su cuarto. Tardó mucho en
desvestirse, doblando pensativo su ropa. La alisó luego
cuidadosamente, pasándole la mano sin cesar, con una
obstinación distraída que parecía no iba a acabar
nunca.

Indudablemente, el señor Muller no recordaba más
ese revólver. Estaba en el fondo del ropero, hacía
veinticinco años.

20 Al despertarse con la detonación, tuvo, aún sin darse
cuenta completa de la catástrofe, un segundo de
fulgurante angustia en que le asaltaron en tropel todos
los dolores de su vida. Y de pronto la verdad
desesperada de lo que había pasado le llegó con un
hondo gemido. Corrió al cuarto de su hija y la vio
muerta. Dejóse caer sentado en la cama, cogió una
mano de su Estefanía entre las suyas trémulas, y
quedóse mirando a su hija lleno de dulce reproche senil,
cuyas lágrimas caían una a una sobre el brazo
30 desnudo.

El modo de ser y la vida entera del señor Muller no

garganta: parte interior del cuello □ **se contuvo** < contenerse, pret. perf. simple: se reprimió

exclamó: dijo fuerte y de repente □ **corriéndose**: precipitándose □ **sábanas**: ropa de cama □ **la frente**: parte superior de la cara □ **henchido**: lleno

volver: mover

se incorporaba: se levantaba □ **le echó**: le puso (< poner)

desnudos: sin nada encima □ **cuello**: parte entre la cabeza y los hombros

desvestirse: quitarse las prendas de vestir □ **doblando**: arreglando □ **alisó** < alisar: poner liso □ **cuidadosamente**: con atención □ **distraída** ≠ atenta □ **iba** < ir, pret. imperf. □ **acabar**: terminarse □ **nunca**: jamás

indudablemente: evidentemente, sin ninguna duda

ropero: armario donde está la ropa ⊠ **hacía**: desde hacía: (idea de duración)

al despertarse: cuando se despertó, cesó de dormir □ **tuvo** < tener, pret. perf. simple □ **aún**: todavía

fulgurante: muy rápida □ **le asaltaron**: aparecieron súbitamente □ **en tropel**: todos juntos

le llegó: llegó a él

hondo: profundo □ **gemido**: lamentación, grito de dolor

dejóse: se dejó

las suyas trémulas: sus manos temblorosas

senil: de viejo

cuyas lágrimas: y las lágrimas del viejo padre

el modo: la manera

daban lugar a duda alguna; pero la formalidad judicial
debió cumplirse y, tras el breve interrogatorio, hubo
necesidad de hacerle comprender que quedaba preven-
tivamente detenido. Se vistió apresurado y temblando. A
pesar de todo, al bajar la escalera detuvo al comisario
que lo llevaba.

—Es mi hija —le explicó con una tímida sonrisa.

El funcionario dio las explicaciones del caso. El señor
Muller lo miró un rato y sus ojos se llenaron de nuevo
10 de lágrimas.

Pasó la noche en la sección, sentado, no obstante su
quebrantamiento. A la mañana siguiente lo llevaron al
Departamento. Cuando la verja se cerró tras él, permaneció en el mismo lugar, entristecido. En el patio recién
lavado, los detenidos paseaban en todos sentidos,
llenando el aire con el golpe claro de sus zuecos.

Desde el primer momento su tímida decencia había
sido hostil a sus nuevos compañeros. Al poco rato una
cáscara de naranja atravesó el aire y le pegó en la frente.
20 Antes de que tuviera tiempo de levantar los ojos, recibió
en el hombro una recia sacudida que lo lanzó de
espaldas. La pareja que lo había empujado al pasar
volvió la cabeza, riéndose. El señor Muller se levantó,
marchó titubeando hacia un banco y se dejó caer, con
las dos manos en las rodillas.

Pero los ojos irónicos lo habían seguido, y poco a
poco, de uno a uno, de dos a dos, sus compañeros
fueron acercándose e hicieron rueda a su alrededor.
Desde entonces no cesaron las burlas. Un muchacho en
30 camiseta se acercó a él en puntas de pie por detrás,
mordiéndose los labios para contener la risa, le echó los
brazos al cuello y lo besó. El señor Muller levantó la

daban lugar a : justificaban □ **duda alguna** : sin duda □ **judicial** : *judiciaire* □ **cumplirse** : ejecutarse □ **tras** : después de □ **hubo** < haber, pret. perf. simple □ **quedaba** : aquí, era □ **detenido** : encarcelado, encerrado en la prisión □ **se vistió** < vestirse, pret. perf. simple □ **apresurado** : rápidamente □ **detuvo** < detener : retener □ **llevaba** : llevaba a la cárcel, a la prisión
sonrisa : expresión que generalmente traduce la satisfacción
dio < dar, pret. perf. simple
rato : momento

sección : parte del tribunal □ **no obstante** : a pesar de
quebrantamiento : dolor, fatiga
departamento : aquí, la prisión □ **la verja** : lo que separa al prisionero del exterior □ **entristecido** : triste, afligido □ **el patio** : *la cour* □ **recién lavado** : lavado hacía poco tiempo □ **detenidos** : prisioneros □ **en todos sentidos** : en todas direcciones □ **golpe** : ruido del contacto de los zapatos □ **zuecos** : *sabots* □ **decencia** : reserva □ **al poco rato** : tras un breve rato □ **cáscara** : lo que protege, rodea □ **naranja** : fruta □ **pegó** : tocó con violencia
tuviera < tener, pret. imperf. subj.
el hombro : parte del cuerpo humano en la parte superior del tronco □ **recia** : fuerte □ **sacudida** : golpe, movimiento muy brusco □ **de espaldas** ≠ de frente □ **la pareja** : las dos personas □ **había empujado** < empujar : *pousser* □ **riéndose** < reír, gerundio □ **rodillas** : articulaciones de las piernas

□ **fueron acercándose** < acercarse (ir + gerundio que indica la progresión) : fueron aproximándose ⊠ e : y > e delante de "i" o "hi" □ **rueda** : círculo □ **a su alrededor** : rodeándole □ **desde entonces** : a partir de ese momento □ **burlas** : *mauvaises blagues* □ **muchacho** : hombre joven □ **mordiéndose** < morderse, gerundio □ **la risa** < reír : llorar □ **echó** : puso (< poner)

cabeza y dirigió al guardián una mirada de honda súplica. El guardián continuó indiferente su paseo, contentándose con volver de vez en cuando los ojos a la divertida escena.

Durante ocho horas los detenidos no abandonaron a su víctima. Al fin, media hora antes de su primera declaración, el señor Muller recibió un puñetazo en la boca que le hizo caer las lágrimas. Cuando volvió al Juzgado, respiraba con dificultad.

10   A las seis se acostaron todos. Tres o cuatro detenidos detuviéronse un momento a los pies de su tarima, con una sonrisa equívoca. El señor Muller se acurrucó, estremecido ya de dolor.

—No me peguen —sonrió angustiado.

Los amigos, dispuestos a una nueva broma, lo miraron despreciativamente y se fueron. Pronto durmieron todos. Entonces el señor Muller sintióse por primera vez solo. En su dolorosa agonía tuvo el valor de olvidarse de todo, y recogiendo sin hacer ruido las
20   rodillas hasta el pecho, lloró larga y silenciosamente a su hija.

A la mañana siguiente, por un resto de piedad de la suerte, amanecía muerto.

de vez en cuando: a veces □ **volver los ojos**: mirar hacia atrás
divertida ≠ triste

media hora: treinta minutos
puñetazo < puño + sufijo -azo, golpe

juzgado: tribunal
acostaron ≠ levantaron
detuviéronse: permanecieron □ **tarima**: cama poco confortable
se acurrucó: intentó protegerse
estremecido: temblando
peguen < pegar: dar golpes

despreciativamente: con desdén □ **pronto**: rápidamente
durmieron < dormir, pret. perf. simple □ **sintióse** < sentirse
tuvo < tener □ **valor**: *courage*
recogiendo: acercando
pecho: *poitrine* □ **larga**: largamente, durante mucho tiempo

suerte: buena fortuna □ **amanecía**: aquí, estaba

Grammaire

Faites les exercices suivants inspirés des phrases du texte. Les chiffres entre
parenthèses renvoient à la Grammaire active de l'espagnol *(Le Livre de Poche*
n° 8582) : le premier est celui du chapitre, le second, en gras, celui de la page.

I. ADVERBES DE MANIÈRE EN **MENTE** (24, **110**)

Exemple : despiadado → **despiadadamente**

Comme sur ce modèle, formez l'adverbe de manière en **mente** *correspondant*
à chaque adjectif :

silencioso ; cruel ; rápido ; triste ; desesperado.

II. PROPOSITION CONSÉCUTIVE : **TAN... QUE / TANTO, -A, -OS, -AS... QUE** (77, **318**)

Exemple : Se sentía .... infeliz que murió.

→ Se sentía tan infeliz que murió.

Complétez avec **tan... que** *ou avec* **tanto -a, -os, -as... que** *selon le cas :*

Su padre la veía .... decepcionada que fueron al teatro.

Ella tenía .... amigos que no podía contarlos.

Durmió .... ñoras que él se preocupó.

Estaba .... deprimida que se mató.

El señor Muller tuvo .... pena que se puso a llorar.

III. INDÉFINIS (17, **76**)

Exemple : ¿Adónde había ido su padre ?

→ No había ido a ninguna parte.

Répondez négativement :

¿Con quién se casó su hija ?   ¿Quién lo consoló ?

¿Cuántas amigas tenía ella ?   ¿Qué le decía Estefanía ?

IV. PRONOMS PERSONNELS COMPLÉMENTS : **SE LO(S) / SE LA(S)**

Exemple :   Anunció **a su hija** <u>la muerte de su madre</u>.

→ Se <u>la</u> anunció.

De la même façon, transformez les phrases suivantes en remplaçant les
compléments d'objet directs et les compléments d'objet indirects par les
pronoms personnels qui s'imposent :

Ella siempre le contaba sus encuentros.

Su padre daba a Estefanía todo lo que quería.

La joven confesó a su padre sus aventuras.

El novio anunció a su amiga que se iba.

V. GÉRONDIFS (55, **232**)

Exemple : levantarse → levantándose.

À votre tour, donnez le gérondif (= gerundio) des infinitifs suivants (attention
aux verbes pronominaux et à l'accent écrit) :

deglutir ; sonreír ; olvidarse ; querer ; secar ; sentirse.

Camilo José Cela

El Gallego y su cuadrilla

Nació en 1916 en La Coruña. Es uno de los mayores escritores españoles de la posguerra. Su obra comprende novelas, cuentos, poemas, ensayos y artículos de prensa. El tono dominante es el humor negro y la sátira.

Escribió su primera novela, *La familia de Pascual Duarte*, en 1942. Esta obra conoció inmediatamente un éxito extraordinario.

Nuestro relato, *El Gallego y su cuadrilla*, es una novela corta publicada en 1951 que cuenta una corrida de toros en un pueblo español, familiarizándonos así con una de las tradiciones más famosas de España.

Camilo José Cela recibió el Premio Nobel de Literatura en 1989.

Al doctor don Mariano Moreno,
que me cosió el cuello.

En la provincia de Toledo, en el mes de agosto, se pueden asar las chuletas sobre las piedras del campo o sobre las losas del empedrado, en los pueblos.

La plaza está en cuesta y en el medio tiene un árbol y un pilón. Por un lado está cerrada con carros, y por el otro con talanqueras. Hace calor y la gente se agolpa
10 donde puede; los guardias tienen que andar bajando mozos del árbol y del pilón. Son las cinco y media de la tarde y la corrida va a empezar. *El Gallego* dará muerte a estoque a un hermoso novillo-toro de don Luis González, de Ciudad Real.

El Gallego, que saldrá de un momento a otro por una puertecilla que hay al lado de los chiqueros, está blanco como la cal. Sus tres peones miran para el suelo, en silencio. Llega el alcalde al balcón del Ayuntamiento, y el alguacil, al verle, se acerca a los toreros.
20 —Que salgáis.

En la plaza no hay música, los toreros, que no torean de luces, se estiran la chaquetilla y salen. Delante van tres, *el Gallego, el Chicha y Cascorro*. Detrás va Jesús Martín, de Segovia.

Después del paseíllo, *el Gallego* pide permiso y se queda en camiseta. En camiseta torea mejor, aunque la camiseta sea a franjas azules y blancas, de marinero.

El Chicha se llama Adolfo Dios, también le llaman Adolfito. Representa tener unos cuarenta años y es algo
30 bizco, grasiento y no muy largo. Lleva ya muchos años rodando por las plazuelas de los pueblos, y una vez, antes de la guerra, un toro le pegó semejante cornada,

Gallego: habitante de Galicia (noroeste de España)
cuadrilla: grupo de amigos □ **cosió**: reparó con hilo y una aguja □ **cuello**: parte del cuerpo entre la cabeza y los hombros

asar: cocer, dorar □ **chuletas**: costillas, partes comestibles del cerdo, por ejemplo □ **losas**: piedras lisas □ **empedrado**: pavimento □ **en cuesta**: inclinada □ **medio**: centro
pilón: abrevadero donde beben los animales □ **carros**: vehículos □ **talanqueras**: barreras □ **se agolpa**: se reúne
guardias: guardias civiles □ **andar bajando**: obligar a bajar
mozos: niños
empezar: comenzar
a estoque: con el estoque, espada con cuya punta se matan los toros en las corridas □ **hermoso**: bello □ **novillo-toro**: toro joven □ **saldrá** < salir, futuro ≠ entrar
puertecilla: puerta pequeña (sufijo diminutivo -illo, a) □
chiqueros: lugares donde están los toros antes de la corrida □
cal: *chaux* □ **peones**: hombres que ayudan al torero □ **para el suelo**: hacia abajo □ **alcalde**: hombre más importante de un municipio, presidente del Ayuntamiento □ **alguacil**: policía
☑ **al verle**: cuando le ve □ **salgáis** < salir, pres. subj. con valor de imperativo □ **de luces**: con el traje de luces tradicional de los toreros cuando torean □ **chaquetilla**: parte superior del traje de torero
paseíllo: acción de atravesar la plaza antes de la corrida □ **pide permiso**: pide perdón □ **mejor**: comparativo de bien

algo: aquí, un poco
bizco: con un defecto en la mirada □ **largo**: aquí, alto □ **lleva ya muchos años rodando**: hace ya muchos años que rueda □
plazuelas: plazas grandes □ **semejante**: tal

en Collado Mediano, que no le destripó de milagro.
Desde entonces, *el Chicha* se anduvo siempre con más
ojo.

Cascorro es natural de Chapinería, en la provincia de
Madrid, y se llama Valentín Cebolleda. Estuvo una
temporada, por esas cosas que pasan, encerrado en
Ceuta, y de allí volvió con un tatuaje que le ocupa todo
el pecho y que representa una señorita peinándose su
larga cabellera y debajo un letrero que dice: «Lolita
10 García, la mujer más hermosa de Marruecos. ¡ Viva
España ! » *Cascorro* es pequeño y duro y muy sabio en
el oficio. Cuando el marrajo de turno se pone a molestar
y a empujar más de lo debido, *Cascorro* lo encela
cambiándole los terrenos, y al final siempre se las
arregla para que el toro acabe pegándose contra la
pared o contra el pilón o contra algo.

—Así se ablanda —dice.

Jesús Martín, de Segovia, es el puntillero. Es largo y
flaco y con cara de pocos amigos. Tiene una cicatriz que
20 le cruza la cara de lado a lado, y al hablar se ve que es
algo tartamudo.

El Chicha, Cascorro y Jesús Martín andan siempre
juntos, y cuando se enteraron de que al *Gallego* le había
salido una corrida, se le fueron a ofrecer. *El Gallego* se
llama Camilo, que es un nombre que abunda algo en su
país. Los de la cuadrilla, cuando lo fueron a ver, le
decían:

—Usted no se preocupe, don Camilo, nosotros
estamos siempre a lo que usted mande.

30 *El Chicha, Cascorro* y Jesús Martín trataban de usted
al matador y no le apeaban el tratamiento: *el Gallego*
andaba siempre de corbata y, de mozo, estuvo varios

destripó: abrió la tripa □ **de milagro**: por obra divina
se anduvo < andarse, pret. perf. simple, actuó
ojo: aquí, prudencia
es natural de: nació en

temporada: pequeño período □ **encerrado** ≠ abierto
Ceuta: ciudad española en Marruecos (África)
pecho: parte superior del cuerpo, entre los brazos □
peinándose: arreglándose el pelo □ **cabellera**: pelo, lo que
cubre la cabeza □ **debajo** ≠ encima ⊠ la mujer **más** hermosa
sabio < saber: experto
marrajo: toro malicioso □ **molestar**: importunar
empujar: *pousser* □ **más de lo debido**: exageradamente □
encela: provoca □ **se las arregla para que** + subj.: lo hace todo
para que □ **acabe**: termine
la pared: el muro
se ablanda: se calma
puntillero: torero que mata al toro
flaco ≠ gordo
cruza: atraviesa ⊠ **al hablar**: cuando habla
tartamudo: que habla con dificultad, *bègue*

juntos ≠ separados □ **se enteraron**: aprendieron □ **le había
salido una corrida**: tenía que torear en una corrida □ **se le
fueron a ofrecer**: fueron a ofrecerle sus servicios □ **algo**: un
poco

no se preocupe: imperativo negativo, conjugado en subj.
a lo que usted mande: a sus órdenes □
de usted: diciendo usted
apeaban el tratamiento: tuteaban □ **corbata**: *cravate* □ **de
mozo**: cuando era mozo □ **estuvo** < estar

años estudiando Farmacia.

Cuando los toreros terminaron el paseíllo, el alcalde miró para el alguacil y el alguacil le dijo al de los chiqueros:

—Que le abras.

Se hubiera podido oír el vuelo de un pájaro. La gente se calló y por la puerta del chiquero salió un toro colorao, viejo, escurrido, corniveleto. La gente, en cuanto el toro estuvo en la plaza, volvió de nuevo a los
10 rugidos. El toro salió despacio, oliendo la tierra, como sin gana de pelea. Valentín lo espabiló desde lejos y el toro dio dos vueltas a la plaza, trotando como un borrico.

El Gallego desdobló la capa y le dio tres o cuatro mantazos como pudo. Una voz se levantó sobre el tendido:

—¡Que te arrimes, *esgraciao*!

El Chicha se acercó al *Gallego* y le dijo:

—No haga usted caso, don Camilo, que se arrime su
20 padre. ¡Qué sabrán! Éste es el toreo antiguo, el que vale.

El toro se fue al pilón y se puso a beber. El alguacil llamó al *Gallego* al burladero y le dijo:

—Que le pongáis las banderillas.

El Chicha y Cascorro le pusieron al toro, a fuerza de sudores, dos pares cada uno. El toro, al principio, daba un saltito y después se quedaba como si tal cosa. *El Gallego* se fue al alcalde y le dijo:

—Señor alcalde, el toro está muy entero, ¿le podemos
30 poner dos pares más?

El alcalde vio que los que estaban con él en el balcón le decían que no con la cabeza.

para el: aquí, al

abras < abrir, pres. subj. con valor de imperativo
hubiera < haber, pret. imperf. subj. con valor de condicional

colorao: colorado □ **escurrido** ≠ macizo □ **corniveleto**: con los
cuernos dirigidos hacia arriba □ **en cuanto**: en el momento
mismo en que □ **volvió a**: recomenzó □ **rugidos**: ruidos
tumultuosos □ **despacio**: lentamente □ **oliendo** < oler, gerundio,
respirando □ **gana**: deseo □ **pelea**: lucha □ **espabiló**: excitó □
vueltas: paseos □ **un borrico**: una mula
desdobló: extendió □ **dio mantazos**: lo tocó con la manta
(sufijo -azos, golpes) □ **pudo** < poder, pret. perf. simple
tendido: lugar donde se sienta el público de una corrida
¡ que te arrimes !: ¡ que te acerques !
se acercó: se aproximó □ **dijo** < decir, pret. perf. simple
no haga caso: no se preocupe
sabrán < saber, 3a pers. plur., futuro □ **toreo**: manera de
torear □ **vale**: conviene
se fue < irse, pret. perf. simple □ **pilón**: abrevadero donde
bebe el toro □ **se puso**: comenzó □ **burladero**: muro de
madera que protege al torero □ **pongáis** < poner, pres. subj. □
banderillas: *banderilles* □ **pusieron**: aquí, fijaron
sudores: aquí, esfuerzos □ **dos pares**: cuatro □ **al principio**: al
comienzo □ **daba un saltito**: saltaba □ **se quedaba**: no movía
□ **como si tal cosa**: como si nada le sucediera
entero: aquí, fuerte, robusto
dos pares más: otras cuatro banderillas
vio < ver, pret. perf. simple

—Déjalo ya. Anda, coge el pincho y arrímate, que para esto te pago.

El Gallego se calló, porque para trabajar en público hay que ser muy humilde y muy respetuoso. Cogió los trastos, brindó al respetable y dejó su gorra de visera en medio del suelo, al lado del pilón.

Se fue hacia el toro con la muleta en la izquierda y el toro no se arrancó. La cambió de mano y el toro se arrancó antes de tiempo. *El Gallego* salió por el aire y,
10 antes de que lo recogieran, el toro volvió y le pinchó en el cuello. *El Gallego* se puso de pie y quiso seguir. Dio tres muletazos más, y después, como echaba mucha sangre, el alguacil le dijo:

—Que te vayas.

Al alguacil se lo había dicho el alcalde, y al alcalde se lo había dicho el médico. Cuando el médico le hacía la cura, *el Gallego* le preguntaba:

—¿Quién cogió el estoque?

— *Cascorro.*
20 —¿Lo ha matado?

—Aún no.

Al cabo de un rato, el médico le dijo al *Gallego*:

—Has tenido suerte, un centímetro más y te descabella.

El Gallego ni contestó. Fuera se oía un escándalo fenomenal. *Cascorro,* por lo visto, no estaba muy afortunado.

—¿Lo ha matado ya?

—Aún no.
30 Pasó mucho tiempo, y *el Gallego,* con el cuello vendado, se asomó un poco a la reja. El toro estaba con los cuartos traseros apoyados en el pilón, inmóvil, con la

déjalo: cesa con las banderillas □ **coge:** toma □ **pincho:** instrumento con punta □ **arrímate:** acércate □ **esto:** este motivo □ **se calló:** cesó de hablar

hay que: es necesario □ **humilde:** modesto □ **cogió:** tomó

trastos: armas □ **brindó:** saludó □ **respetable:** al alcalde

dejó: abandonó □ **gorra:** *casquette* □ **al lado:** cerca

hacia: en dirección de □ **muleta:** tela roja que atrae al toro

arrancó: movió □ **la:** la muleta □ **cambió** < cambiar

se arrancó: se precipitó □ **antes de tiempo:** inmediatamente

salió: voló □ **recogieran:** recuperaran □ **volvió:** atacó otra vez □ **pinchó:** plantó sus cuernos □ **se puso de pie:** se levantó □ **seguir:** continuar □ **muletazos:** movimientos de muleta

echaba: perdía

que te vayas: que salgas de la plaza de toros

dicho < decir, part.

hacía la cura: atendía, cuidaba

cogió: tomó □ **estoque:** espada

matado < matar, part. : suprimir, eliminar

aún: todavía

al cabo de: después de □ **rato:** momento

suerte: *chance* □ **descabella:** mata

contestó: respondió □ **fuera** ≠ dentro □ **escándalo:** ruido

por lo visto: aparentemente □ **no... afortunado:** no tenía suerte

ya: ahora

vendado: con vendaje □ **asomó:** aquí, se inclinó □ **reja:** abertura con barrotes □ **cuartos traseros:** parte posterior

lengua fuera, con tres estoques clavados en el morrillo y en el lomo; un estoque le salía un poco por debajo, por entre las patas. Alguien del público decía que a eso no había derecho, que eso estaba prohibido. *Cascorro* estaba rojo y quería pincharle más veces. Media docena de guardias civiles estaban en el redondel, para impedir que la gente bajara...

fuera : que sale □ **clavados :** fijados □ **morrillo :** cuello
lomo : dorso □ **debajo** ≠ arriba
alguien : una persona □ **no había derecho :** no era legal
estaba prohibido : no se permitía
pincharle : clavarle □ **media docena :** seis
redondel : parte central y circular de la plaza de toros □
impedir : evitar □ **bajara** < bajar, pret. imperf. subj.

Grammaire

Faites les exercices suivants inspirés des phrases du texte. Les chiffres entre parenthèses renvoient à la Grammaire active de l'espagnol *(Le Livre de Poche nº 8582) : le premier est celui du chapitre, le second, en gras, celui de la page.*

I. L'OBLIGATION : **TENER QUE / HAY QUE** (60, **250**)
   Exemple :   Hay que arrimarse **(tú)**.
                   → **Tienes que** arrimarte.
Comme dans cet exemple, transformez les phrases suivantes :
Hay que salir de la plaza de toros (él).
Hay que bajar de los árboles (vosotros).
Hay que mostrarse prudente (yo).

II. EXPRESSION DE LA DURÉE : **LLEVAR** + GÉRONDIF (56, **238**)
   Exemple :   Rueda por las plazas desde hace muchos años.
                   → Lleva muchos años rodando por las plazas.
En procédant comme dans cet exemple, modifiez les phrases suivantes en introduisant **llevar** + *gérondif :*
Este matador torea desde hace cinco años.
La banda toca desde hace diez minutos.
El público espera el comienzo de la corrida desde hace media hora.
Los aficionados gritan desde hace cinco minutos.

III. SUPERLATIF RELATIF (12, **56**)
   Exemple :   Ella era la mujer (guapa) de la región.
                   → Ella era la mujer **más** guapa de la región.
À votre tour, mettez les adjectifs entre parenthèses au superlatif relatif :
Es el toro (bravo) de todo el país.
Fue la corrida (interesante) de la temporada.
Era el toro (famoso) del momento.
Eran los toreros (valientes) de España.

IV. SUPERLATIF RELATIF (SUITE)
   Exemple :   Ella era la mujer más guapa de la región.
                   → Esta mujer era la más guapa de la región.
Reprenez les phrases que vous avez obtenues dans l'exercice précédent et modifiez-les comme dans l'exemple ci-dessus :
Este toro es...   Este toro era...
Esta corrida fue...   Estos toreros eran...

V. IMPÉRATIF (48, **204**)
   Exemple :   ¡ Que salgáis ! → **¡ Salid !**
Comme dans cet exemple, exprimez les ordres suivants en utilisant l'impératif au lieu du subjonctif, puis mettez-les à l'impératif de défense :
¡ Que escuches !   ¡ Que te vayas !
¡ Que me deje usted !   ¡ Que os arriméis !

Vocabulario

Voici près de 1 200 mots rencontrés dans les nouvelles, suivis du sens qu'ils ont dans celles-ci. Le genre et le nombre ont été indiqués chaque fois qu'ils ne sont pas les mêmes dans les deux langues.

— A —

abajo en bas
abarrancar raviner
ablandarse s'adoucir, se calmer
abrasar embraser, brûler
abrir ouvrir
aburrimiento ennui
acá ici
acabar achever, finir
acceder accepter
acecho (el) surveillance
acercarse s'approcher
acertar deviner
acomodar ranger
acomodarse s'installer
acontecimiento événement
acordarse (de) se souvenir (de), se rappeler
acostarse se coucher
acto (en el —) immédiatement
acuerdo (de —) d'accord
achicado puéril
achicharrado brûlant

adelantarse anticiper, prévoir, s'avancer
adentro (de —) intérieur (de l'—)
adivinar deviner
advertir avertir
afanoso désireux, impatient
afilar affûter
agacharse s'accroupir
agazapado dissimulé
agolparse s'entasser
aguardar surveiller, veiller sur, rester, attendre
ahí là-bas
ahogar étouffer
ahogo étouffement
ahora maintenant
ajeno d'autrui
ala (el)/alas (las) l'aile/les ailes
alarido cri plaintif
alcalde maire
alcance (al — de) portée (à la — de)
alcance (el) portée
alcanzar atteindre
alcoba chambre à coucher, alcôve

alcohol alcool
aldea (la) hameau
alegar prétexter
alejarse s'éloigner
algo quelque chose, un peu
alguacil, alguazil, gendarme
alguien quelqu'un
alojamiento logement
alquilar louer
alrededor autour
alrededores (los —) les environs
altura hauteur
alzarse se soulever
allí là-bas
amanecer se lever (le jour)
amargo amer
amenazar menacer
amontonar entasser
amplio vaste, étendu
anciano vieux
ancho large
¡ anda ! allons !
andrajo haillon
andrajoso en haillons
anfitrión amphitryon, hôte
angustiado angoissé
angustioso angoissant
anhelante haletant
anhelosamente avec angoisse, de façon oppressante
anillito petit anneau
ansiosamente avec anxiété, anxieusement
ansioso anxieux
ante daim
anteojos lunettes (A.L.)
antes avant, auparavant
antier avant-hier
antiguo ancien
antiquísimo très ancien
antojar sembler

antojársele a uno avoir l'impression
anunciador annonciateur
apagar éteindre
aparato appareil
apartado écarté, isolé
apartar détourner
apedrear lapider
apenas à peine, seulement
apercibido avisé
aplastado écraser
apoyarse s'appuyer
apuntar montrer, désigner
aquel ce
aquéllos ceux-là
arcilla argile
arder brûler, s'embraser
armazón armature
arrancada départ, bond en avant
arrancar(se) bouger, démarrer
arrastrar traîner
arrebatado irrité
arreglar ranger, arranger, réparer
arreglarse s'arranger
arreglárselas s'arranger pour que...
arriba en haut
arriesgarse risquer
arrimarse s'approcher
arrojar lancer, jeter
arrojarse se jeter
arroz riz
arrullo berceuse
asaltar assaillir
asar rôtir
asegurar assurer
asesino assassin
así ainsi
asiento siège
asomar pencher, introduire, déboucher sur
asombro étonnement

astutamente astucieusement
asustado effrayé
atado paquet (A.L.)
atardecer fin d'après-midi
atender s'occuper de
aterrizar atterrir
atrapar attraper, capturer
atreverse a oser
atronador assourdissant
aun même
aún encore
aunque + indic. bien que
aunque + subj. même si
avergonzado honteux
ayuda aide, solution
ayudar aider
azotea terrasse
azuzar exciter

— B —

baboso baveux
bachillerato baccalauréat
bajar diminuer, descendre
bajo (el) basse (voix)
banderilla banderille
barbas poils
barbilla (la) menton
barro (el) boue
bastante assez
bastar suffire
bastón (el) canne
baúl malle
beber boire
beca bourse
becado boursier
benefactor bienfaiteur
bicho bestiole
bien (más —) plutôt

bizco (ser —) loucher
blanquecino blanchâtre
blanquito blanchâtre
bobada sottise
bobo sot, niais
bodegón (el) taverne
bohío cabane
bolsillo (el) poche
bordear longer le bord
borracho ivre, saoul
borrico âne
bosque bois
bostezo bâillement
bote canot
bóveda voûte
brindar saluer
bueno bon, d'accord
bulto forme, silhouette
burla moquerie
burlarse se moquer
buscar chercher
búsqueda recherche

— C —

caballo cheval
cabe (no — duda) il n'y a aucun doute
cabecear dodeliner de la tête, hocher la tête
cabellera chevelure
caber être possible
cabeza tête
cabizbajo tête basse
cabo (al — de) bout (au — de)
cabo (el) bout, fin
cadenilla chaînette
caer tomber
caída chute

caja boîte
cajón tiroir
cal chaux
calcinar calciner
caluroso chaud
calvo chauve
callado silencieux
callar(se) se taire
calle rue
callejón ruelle
calloso calleux
cama (la) lit
cambiante qui change
cambiar changer, échanger
cambiarse se changer
caminar marcher
canasto (el) corbeille
cansancio (el) fatigue
cansarse se fatiguer
cantar chanter
canto chant
caoba (la) acajou
caolín kaolin
capricho caprice
cara (la) visage, expression
cara a cara face à face
carcajada (la) éclat de rire
carcajadas (reír a —) rire aux éclats
cargo (a su —) service (à son —)
cariño (el) affection, amour
carne chair
carretera route
carro véhicule, charrue
carta lettre
cartel (el) l'affiche
casamata casemate
cáscara peau (d'un fruit)
caso (hacer —) faire attention
castigar punir
casualidad (la) hasard

caza chasse
cazador chasseur
cazar chasser
ceder céder
cegato qui a mauvaise vue
ceja (la) sourcil
celebrarse avoir lieu, se tenir (une réunion)
cena (la) dîner
ceniza cendre
cerca près
cerrar fermer
cerveza bière (boisson)
ciempiés mille-pattes
cierto sûr, certain
cigarrillo (el) cigarette
cinecito petit cinéma
cinto ceinturon
cita (la) rendez-vous
¡ claro ! évidemment
clavar clouer, fixer
cloqueo gloussement
cobarde lâche
cobrar prendre, rapporter, capturer
cocina cuisinière (appareil), cuisine
coger prendre
cogidos de la mano la main dans la main
cojear boiter
cola queue
colgar (de) pendre
colmillo (el) canine
colmo comble
colocar placer
comedor salle à manger
comenzar commencer
comer manger
cometa (la) cerf-volant
comida repas, nourriture

como comme, quand, environ, approximativement

compartir partager

compay paysan (A.L.)

comprar acheter

común commun

concederse s'accorder

concluir conclure, terminer

condenar condamner

confesar avouer

congoja angoisse

conminar menacer

conmoción (la) choc, secousse, explosion

conseguir réussir à, pouvoir, parvenir à

consejo conseil, assemblée

consentir consentir

consultar (con) consulter

consumido maigre (visage)

contar compter, raconter

contestación réponse, contestation

contestar répondre

convertir transformer

copa cime

copetín verre de liqueur (A.L.)

corbata cravate

corniveleto aux cornes hautes et droites

cortarse s'interrompre

coser coudre

coser a tiros recevoir avec des coups de feu

costa (a — de) charge (à la — de)

crecer grandir

creer croire

criatura bébé

cristal (el) vitre

crujiente craquant

crujir craquer, grincer, crisser

cruzar croiser, traverser

cuadra (la) pâté de maisons (A.L.)

cuadrilla équipe

cualquier + mot singulier n'importe quel, n'importe quelle

cualquiera n'importe qui, n'importe lequel/laquelle

cuanto (en —) dès que

cuarto chambre, pièce

cuarto de baño (el) salle de bains

cubierto couvert

cubrir couvrir

cuento conte, histoire

cuesta côte, montée

cueva grotte

cuidadosamente soigneusement

cuidar faire attention

culpa faute

cumpleaños anniversaire

cumplir accomplir

cumuliforme en forme de cumulonimbus

cuna (la) berceau

cura (hacer la —) s'occuper de, prendre soin de

cuyo + nom dont le + nom

— CH —

chabola bicoque

chaquetilla petite veste

charlar bavarder

chicotear bruit sec

chiquero toril

chispa étincelle

chopo peuplier

chuleta côte (viande)

chupar fumer (A.L.)

— D —

dar donner, frapper
dar carrera courir, faire la course
dar vueltas faire des tours
darse cuenta de que se rendre compte que
de + inf. si + pretérito pluscuamperfecto
de acuerdo d'accord
debajo (de) au-dessous (de)
débil faible
decencia réserve
decepcionar décevoir
decir dire
dedicar consacrer
dedicarse a se consacrer à
dedo doigt
deglutir avaler
dejar laisser
dejar de cesser de
delante devant
delgadísimo très mince
delgado mince
demasiado trop
dentro à l'intérieur, dans
denuncia dénonciation
departamento compartiment
derecho droit
desagradar déplaire
desalentar décourager
desanimarse se décourager
desarrollar développer
desasirse se dégager
desayuno petit déjeuner
descalzo nu-pieds
descansar se reposer
descanso repos
descarga décharge
desconcertado déconcerté
desconcierto (el) confusion

desconocido inconnu
descuido inattention, négligence
desde depuis (+ date précise)
desde hace depuis (une période de...)
desde luego évidemment
desear désirer
desembarco débarquement
desencajado altéré
desfallecer défaillir
desgarrón (el) déchirure
desgraciado malheureux
deshacer défaire
deslizarse se glisser
despacio lentement
despedida (la) les adieux
despegar décoller
desperdicio détritus
despertarse se réveiller
despiadadamente sans pitié
desportillado aux contours concassés
despreciativamente dédaigneusement
despreciativo méprisant, dédaigneux
después après
destacar détacher
destripar étriper
destrozar mettre en pièces
detener(se) (s')arrêter
detrás derrière
devolver faire sortir, rendre
diablillo petit diable
diario journal
dibujar dessiner
dicha (la) bonheur
dicho dit
diminuto très petit
dinero argent (monnaie)
dios dieu

disminuir diminuer
dispuesto disposé
distinguir distinguer
distinto différent
distraer distraire, occuper l'esprit
distraído distrait
divertido amusé
divinidad divinité
divisar apercevoir
doblar tourner (coin de rue), plier, courber
dormitar sommeiller, somnoler
dorso dos, revers
dromedario dromadaire
dudar hésiter, douter
dulcificarse s'adoucir

— E —

echado allongé
echar(se) a + inf. se mettre à + inf.
echar encima tomber dessus
edad (la) âge
ejército armée
embargo (sin —) cependant
emborracharse se soûler
embromarse ne pas se prendre au sérieux
empalizada palissade
empalmados réunis dans une main
empañar embuer, voiler
empapado trempé
empedrado pavage
empezar commencer
empleado employé
empleo lieu de travail
empresa entreprise

empujar pousser
enano nain
encantamiento enchantement
encelar exciter
encender allumer
encerrar enfermer
encima (de) au-dessus (de)
encogerse de hombros hausser les épaules
encogido timide
enfadarse se fâcher
enfermo malade
engañar tromper
enloquecido fou, rendu fou
enlutarse se mettre en deuil
entablar établir
entelarañado nuageux
entender comprendre
enterarse apprendre, être informé
entero entier, fort
enterrar enterrer
entonces alors
entrecortado entrecoupé
entregar remettre, donner
entregarse se rendre
entretenido distrait
entristecer attrister
envolver(se) (s')envelopper
escalón (el) marche (d'escalier)
escándalo tumulte
escaso rare
esconder cacher
escondidas (a —) en cachette
escondrijo (el) la cachette
escritorio (el) l'étude (notaire)
escrutador scrutateur
escudriñar scruter, examiner
escupir cracher
escurrido étroit (taureau)
eso (por —) pour cela, à cause de cela

espabilar dégourdir, exciter
espalda (la) dos
espanto frayeur, terreur, effroi
espejo miroir
esperar attendre
espíritu esprit
esquina coin (de rue)
estallar éclater
estante (el) étagère
estentóreo bruyant, retentissant
estirar tendre, étendre
estoque estoc, longue épée
estrecho étroit
estremecerse trembler, frémir
estremecido tremblant, frémissant
estruendosamente bruyamment, avec fracas
excepto sauf
exclamar s'exclamer
exhausto épuisé (fatigue)
éxito succès
extrañar manquer (A.L.), étonner, surprendre
extraño étrange
extremo (el) extrémité, bout

— F —

falsete (en —) d'une voix aiguë
falta (la) manque
famoso célèbre
fanfarrón fanfaron
fastidiar ennuyer, gêner
favorecer favoriser
felicidad bonheur
feliz heureux
fijamente fixement
fijarse (en) observer, remarquer
fijo fixe

fin (el) fin
fingir faire semblant de, simuler
firmar signer
flaco maigre
fogata (la) foyer
fogón fourneau, foyer
forma manière
formación formation
fortalecer encourager
fósforo (el) allumette
fracasar échouer
fragor fracas
frente (la) le front (haut du visage)
frío froid
fuego feu
fuera dehors, hors
fuerza force
función représentation (spectacle)

— G —

gafas lunettes
gana envie
gana (de mala —) à contrecœur
ganado bétail
garganta gorge
gato chat
gemido gémissement
gente (la) gens
gerencia gérance
gigante géant
girar tourner
golpe coup
golpe (de —) tout à coup
golpear battre, frapper
golpecito petit coup
gomita (la) petit élastique
gorra casquette

gota goutte
grava (la) gravier
gritar crier
grito cri
grotescamente grotesquement
grueso gros
guajiro paysan (A.L.)
guardar conserver, ranger
guardia (el) garde
gusano ver
gustar aimer, plaire
gusto plaisir

— H —

habitación chambre, pièce
hacer faire
hacer caso faire attention
hacia vers, en direction de
hallar trouver
hambre (el) faim
harapiento en haillons
hasta jusqu'à, même
hay que il faut
hechicero sorcier
hecho fait
hecho + nom transformé en + nom
henchido gonflé
hendidura fente
herir blesser
hermoso beau, joli
hervir bouillir
hilera file, rangée
hipo hoquet
hoja feuille
hombre homme
¡ hombre ! mon vieux ! (excl. fam.)
hombro (el) épaule

hondo profond
hueco (nom commun) trou
hueco (adj. qualificatif) vide, creux
huertecillo jardinet
huir fuir
humear fumer (dégager de la fumée)
humo (el) fumée

— I —

idioma (el) langue
igual comme, égal, semblable
igualito (a) semblable (à)
impedir empêcher
inadvertido inaperçu
incansable infatigable
incómodo inconfortable
incomunicado mis au secret
inconfesado inavoué
incorporarse se relever, se mettre sur son séant
indecible inénarrable
infaltable inévitable
infeliz malheureux
informe rapport
inquirir s'enquérir de, s'informer de
inseguro inquiet
insistir insister
insospechado imprévisible, insoupçonné
instancia demande
intentar tenter de, essayer de
invencible invincible
invicto invaincu
ir aller
irradiar rayonner

irresistiblemente irrésistiblement
irse s'en aller

— J —

jadeo halètement
jamás jamais
jornal salaire journalier
juez juge
jugar una mala pasada jouer un mauvais tour
jugo jus
junco jonc
juntos, as ensemble
juzgado tribunal
juzgar juger, deviner

— L —

ladear dévier du droit chemin
lado côté
lado (al —) à côté
lado (al otro —) côté (de l'autre —)
ladrón voleur
lampiño imberbe
lancha chaloupe, vedette
lápiz crayon
largarse prendre le large, filer
largo long
látigo fouet
leer lire
lejano lointain
lejos loin
leña bois (de chauffage)
lento lent
letra écriture

letrero (el) enseigne, pancarte
levantar lever, soulever
leve léger
liberar révéler
limpio propre
liso lisse
listo prêt
locura folie
lodo boue
lograr parvenir
loma colline
lomo dos (animal)
losa dalle
lucecita petite lumière
luego ensuite, donc, puis
lugar lieu, endroit
luz lumière

— LL —

llamar appeler
llamar la atención attirer l'attention
llanto sanglot
llanura plaine
llave clé
llegar arriver
llenar remplir
lleno plein
llevar mener, porter, avoir passé, emporter
llorar pleurer
lloriqueo pleurnicherie
lluvia pluie

— M —

macanear raconter des histoires
madera (la) bois
madrugada aube, petit matin
maestro maître (d'école)
malhumorado de mauvaise humeur
malo (lo —) l'ennui, le problème
malvado mauvais, malveillant
manchar tacher
mandar envoyer, ordonner
manicomio asile
manojo touffe
manta couverture, toile
maravilloso merveilleux
marcar composer (un numéro de téléphone)
marcharse s'en aller
marciano martien
mareado mal fichu
marrajo (toro) malin
Marte Mars
martillo marteau
más allá au-delà
más bien plutôt
mata (la) groupe d'arbres, bosquet (A.L.)
matar tuer
matorral fourré
máuser mauser (fusil)
medida (a — que) à mesure que
medio milieu, demi
medio (en —) milieu (au —)
mediodía midi (heure)
medir mesurer
mejor mieux, meilleur
mejor (a lo —) peut-être
menos moins
menos (por lo —) au moins
mentira (la) mensonge
merengue (el) meringue

mesa table
metal métal
meterse s'installer, se mettre
miedo (el) peur
mientras tandis que
mientras (que) pendant que, tandis que
milagro miracle
miocénico du miocène
mirada (la) regard
mirar regarder
modo (a — de) en guise de
mofarse se moquer
mojar mouiller
molestar gêner, ennuyer
molesto ennuyeux
moneda pièce de monnaie
mono bleu de travail, singe
montón tas
morir mourir
morrillo (el) nuque (animal)
moscardón (el) grosse mouche
mostrador comptoir
motivar provoquer, être la cause de
mozo garçon
mudar déménager, changer d'endroit
mudo muet
muerto mort
mujer femme, dis donc ! (excl. fam.)
muleta toile rouge qui attire le taureau
muñeca poupée

— N —

nada rien
nadar nager
nadie personne
nata crème
natural naturel, originaire
necesitar avoir besoin de
nefasto mauvais
negar refuser
negruzco noirâtre
ninguno aucun
no... más que ne... que
no obstante cependant, malgré
no... sino ne... que, mais
novela (la) roman
novillo-toro jeune taureau
novio fiancé
nube (la) nuage
nunca jamais

— O —

objeto objet, intention
ocaso crépuscule, fin du jour
octavo huitième
ocurrencia blague
ocurrir survenir, se passer, arriver
ocurrírsele a uno venir à l'esprit
ofrecer offrir
oír entendre
ojo œil, prudence
oler sentir
olvidar oublier
opaco opaque
ordenar donner un ordre, mettre de l'ordre
oscurecer commencer à faire sombre

— P —

pajarita cocotte
paladar palais (bouche)
paladear savourer
pálido pâle
palito petit bout de bois, bâtonnet en bois
palma paume
palo bâton, morceau de bois
paloma (la) pigeon, colombe
pan pain
pantano marais
papel papier
papelón (hacer un —) se montrer ridicule
par (de — en par) complètement
par (el) paire
paraguas parapluie
páramo désert
parar(se) s'arrêter
parecer (al —) apparemment
parecido (a) semblable (à)
pared (la) mur
parlotear bavarder
parte (la) partie, endroit
pasarse el tiempo passer son temps
paseíllo tour de piste (corrida)
paso pas
pasto pâturage
patada coup de pied
patético pathétique
patio (el) cour
patriarca patriarche
pausar s'interrompre
pavada bêtise
pavor (el) terreur
pecho poitrine
pedazo morceau, bout
pedestal piédestal

pedir demander (quelque chose)

pedradas (a —) à coups de pierres

pegar frapper, coller

peinar coiffer

pelliza pelisse

pelo (el) cheveux

penado condamné

penas (a duras —) à grand-peine

pendulear pendouiller

pensativo pensif

peón écarteur (corrida)

peor pire

percha cintre

perchero vestiaire

perder perdre

perecer périr

periódico journal

permanecer demeurer

perro chien

pesado lourd, ennuyeux

pese a malgré

peso poids

pestañear cligner des yeux

pezuña (la) sabot (cheval)

pie pied

pie (de —) debout

pierna (de — suelta) à poings fermés

pilón bassin, abreuvoir

pinchar piquer, planter ses cornes

pincho (el) pointe

pintar peindre

pintor peintre

pisapapeles presse-papiers

pisar écraser, fouler

piso sol, étage, appartement

pitillo (el) cigarette

planeta (el) planète

plano complètement

plata argent (métal)

plateado argenté

platillo volador soucoupe volante

plaza place

plaza de toros arène

plenilunio pleine lune

plomizo couleur de plomb

poder (verbe) pouvoir

poder (el) (nom commun) puissance, pouvoir

polvo (el) poussière, poudre

polvoriento poussiéreux

poner mettre

ponerse se mettre, devenir

por supuesto évidemment

portador porteur

portal vestibule, entrée

portería conciergerie

posarse se poser

postrarse s'agenouiller, se prosterner

pozo puits

prado pré

preguntar demander (poser une question)

premio prix (récompense)

prender allumer (un feu), mettre le feu

preocuparse s'inquiéter

preso prisonnier

prevalecer prévaloir, dominer

primero d'abord

principio début

principio (al —) début (au —)

prisa hâte

probar essayer

proceder de venir de

producirse se produire

profundo profond

prohibir interdire

pronto vite, promptement

pronto (de —) soudain

prorrumpir éclater (rire ou sanglot)
protesta protestation
próximo proche
pudoroso pudique
puede ser que + subj. il est possible que, peut-être que
pues car, puisque
puesto mis, posé
pulpo (el) pieuvre, poulpe
puntería habileté, adresse
puntillas (en) sur la pointe des pieds
puntillero matador
puñetazo coup de poing
puño poing

— Q —

quebrantamiento lassitude
quebrarse se rompre
quedar(se) demeurer, rester
quejarse se plaindre, se lamenter
quejoso plaintif
quemar brûler
querer vouloir, aimer
¡ quiá ! oh, non !
quienesquiera quiconque, qui que ce soit
quieto tranquille
quitarse ôter
quizá(s) peut-être

— R —

rabia rage
rana grenouille
raro étrange
rascarse se gratter

rato moment, instant
rato (al —) immédiatement
ratos (a —) par moments
rayo éclair
recibir recevoir
recién juste, à peine
recién nacido nouveau-né
recitar réciter
reclinarse s'appuyer, s'adosser
recoger ramasser, recueillir, reprendre
recordar se rappeler.
recorrer parcourir
recriminar récriminer, reprocher
recurso moyen
redimir racheter, expier
redondel rond, piste (corrida)
redondo rond
reducir réduire
regalar faire cadeau de
regalo cadeau
regresar revenir
reír rire
reja grille
relato histoire, récit
relevo (el) relève
reloj (el) montre, horloge
rendido épuisé
renegrido encore plus noir
repentino soudain
repetir répéter, recommencer
replegarse se replier
rescoldo braise
respeto respect
resplandor éclat
resultar être, s'avérer
retornar retourner
retrato portrait
retroceder reculer
revés (al —) au contraire
revolverse s'agiter

rincón coin
río fleuve
risa (la) rire
robo vol
rocío (el) rosée
rodear entourer
rodeos (sin —) sans user de détours
rodilla (la) genou
rogar prier, supplier
roncamente d'une manière rauque
ronco rauque
ropa (la) linge de maison, linge, vêtement
ropero penderie
rostro visage
rotundo catégorique
rozar frotter
rueda (la) cercle, ronde
rugido rugissement
rugoso rugueux
ruido bruit
ruidoso bruyant

— S —

sabana plaine réservée au bétail (A.L.)
sábana (la) drap
saber savoir
sabio savant, sage, expert
sacerdote prêtre
saciar rassasier
salir sortir
salir mal rater
salpicadura éclaboussure
saltar sauter
salto (dar un —) faire un saut
sangrar saigner
sanguinolento sanguinolent

satisfecho satisfait
seguida (en —) tout de suite, aussitôt
seguir suivre, continuer
segundo second, deuxième
seguramente sûrement
semejante semblable, tel
semipenumbre semi-obscurité
señalar montrer, signaler
sendero sentier
senil sénile
sentarse s'asseoir
sentir(se) (se) sentir
ser être
serenarse se tranquilliser
sereno veilleur de nuit
serio sérieux
si si, mais... (exaspération)
sí oui
sí que bien sûr que
siempre toujours
siempre que chaque fois que
sierra montagne
sigilo (el) discrétion
siglo siècle
silbar siffler
silla chaise
sillón fauteuil
sin embargo cependant
siquiera (ni —) pas même, même pas
sitio (el) place, endroit, lieu
sobra (de —) de trop
sobra (la) reste
sobresalir dépasser
socio associé
sofocado désagréable
soledad solitude
soler avoir l'habitude de
sólo seulement

sonar faire du bruit, produire un son
sonido son
sonreír sourire
sonrisa (la) sourire
soñar rêver
soplar souffler
sorprender surprendre, étonner
sorpresa surprise
soslayo (de) de biais
sospechar soupçonner, présumer
suavemente doucement
sucio sale
sudor (el) sueur, effort
suelo sol
sufrir souffrir, subir
sugerir suggérer
suma quantité, somme
sumo suprême
suponer supposer
supuesto supposé
supuesto (por —) évidemment
surcar tracer des sillons, sillonner
surco sillon
susto (el) frayeur, peur
susurar murmurer
susurrar chuchoter, murmurer
suyo sien

— T —

tabla planche
tal vez peut-être
talanquera barrière, palissade
tambalear tituber
tampoco non plus
tan... como aussi... que, autant... que
tapar couvrir
taparse se cacher, se couvrir

tarima estrade
tartamudo bègue
tea torche
techo plafond
tela (la) tissu
temblar trembler
temer craindre
temor (el) terreur
temporada saison de la corrida, séjour
tendido (el) gradins découverts
tener avoir, posséder
tener (— vuelta de hojas) être indéniable
tener que + inf. devoir + inf.
tenso tendu
término (al —) bout (au —)
ternura tendresse
testigo témoin
tétrico lugubre, triste
tibio tiède
tientas (a —) à tâtons
tiros (a —) à coup de fusil
tocar (por la puerta) frapper (à la porte)
todavía encore
tomar prendre
tonto sot
torcer tordre
torear toréer
torpe maladroit
tos toux
toser tousser
traer apporter
tragar boire
traje costume
traje de luces habit de lumières
tranvía tramway
tras après
trasero derrière
traspasar traverser

tratar (de) essayer (de)

través (a — de) à travers

trazas (tener — de) donner l'impression de

tremendo terrible, énorme, formidable

trémulo tremblant

trepar grimper

tropel (el) foule

trozo morceau

trueno tonnerre

tumbarse s'étendre, s'allonger

turbio trouble

— U —

umbral seuil

unos quelques, environ

usar utiliser

usté vous

— V —

vacilar hésiter

vacío vide

vagar errer

valer valoir, convenir

valiente vaillant, courageux

valija valise

valor courage

vapor bateau à vapeur

varón garçon

vehemencia violence, colère, véhémence

velador chandelier

velar veiller

velo (el) voile (le)

veloz rapide

velozmente rapidement

vencido vaincu

vendado bandé

vender vendre

vengativo rancunier, vengeur

venir venir

ventana fenêtre

ventanilla petite fenêtre

ver voir

verano été

verdad vérité

vergüenza honte

verja grille

vestido (el) vêtement, robe

vestir(se) s'habiller

veta veine, filon

vez fois

vez (de — en cuando) de temps en temps

viaje voyage

viejo vieux

virar virer, changer de direction

visto vu

visto (por lo —) apparemment

vivienda logement, demeure

volar voler (dans les airs)

volver a recommencer à

volverse devenir, se retourner, revenir

voz voix

vuelta (la) tour, promenade

— Y —

ya déjà, maintenant, désormais, bien

ya no + verbe ne... plus

ya que étant donné que, puisque

yegua jument

yendo allant (gérondif de « ir »)

yesífero gypseux

Composition réalisée par COMPOFAC - PARIS

IMPRIMÉ EN FRANCE PAR BRODARD ET TAUPIN
Usine de La Flèche (Sarthe).
LIBRAIRIE GÉNÉRALE FRANÇAISE - 6, rue Pierre-Sarrazin - 75006 Paris.

ISBN : 2 - 253 - 05749 - 5　　　　　⊕ 30/8655/0